RAMON GIRALDI

"O brasileiro que criou a maior premiação do mundo para arquitetos e designers de interiores"

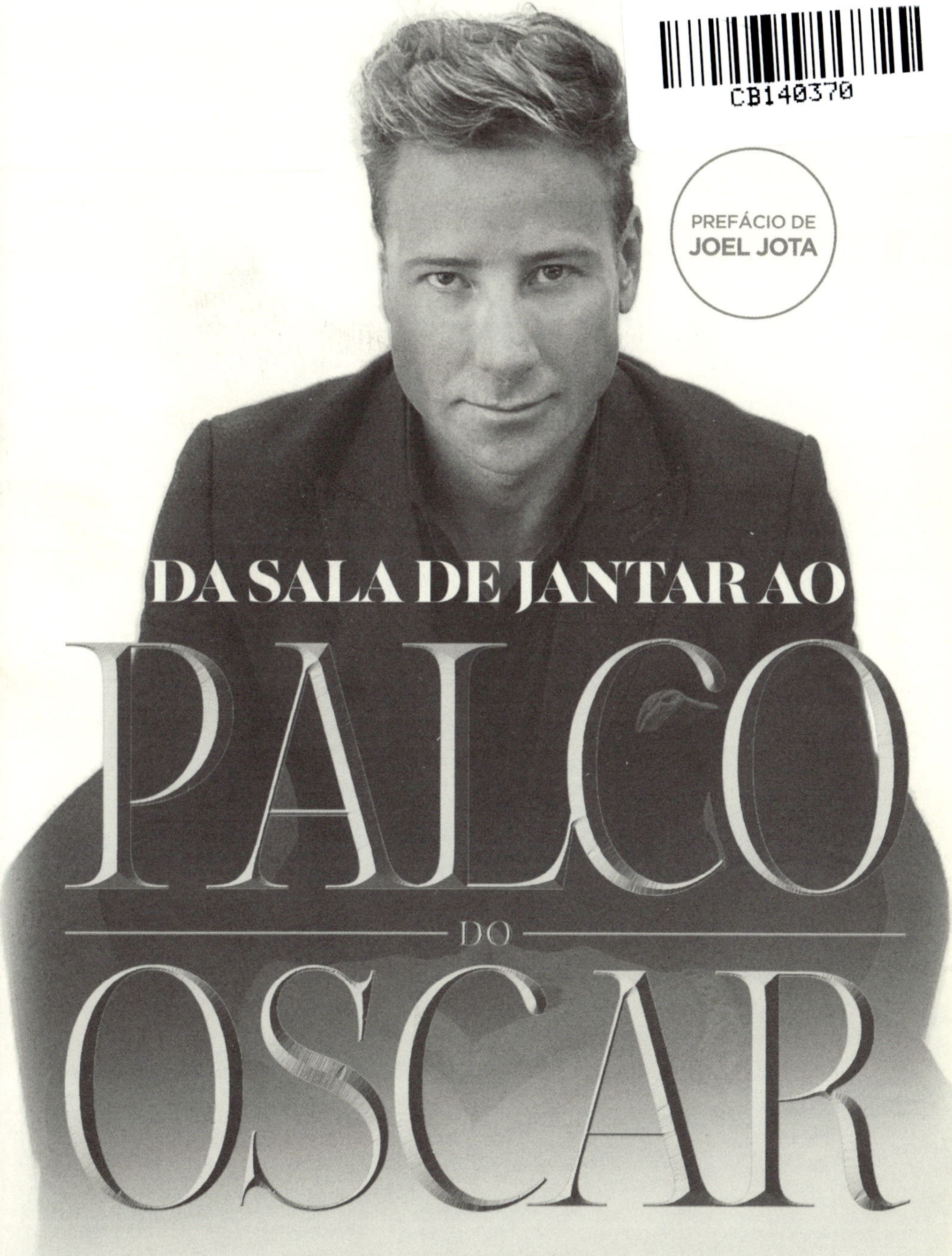

PREFÁCIO DE
JOEL JOTA

DA SALA DE JANTAR AO PALCO DO OSCAR

O EMPRESÁRIO QUE TINHA TUDO PARA DAR ERRADO

PALCO DO OSCAR

DA SALA DE JANTAR AO PALCO DO OSCAR

Categoria: Desenvolvimento

Primeira edição — 2021

Autor: Ramon Giraldi

Projeto Gráfico e editorial: Yesbooks Editora

Coordenação editorial: Filipe Mouzinho

DEDICATÓRIA

Este livro é dedicado à algumas pessoas que foram muito importantes em minha vida, sem elas, eu certamente não teria chegado até aqui.

Primeiramente aos meus pais, Sônia Isabel Bueno e Carlos Roberto D´elboux Giraldi, que me deram a vida e uma educação exemplar baseada em conceitos, religião, ética, honestidade e sendo muito rígidos comigo; isso fez com que eu não amolecesse diante das dificuldades da vida.

Dedico também, em memória, a minha tia Kelly, meu avô Wladimir e minhas avós Olinda e Carmem, todos eles foram primordiais e necessários em minha vida.

Ao Da Silva, tia Élcie, Fábio Luccas e Luís Antônio Galzerano, que também fizeram parte da minha história e contribuíram para a minha caminhada.

AGRADECIMENTOS

Quero agradecer a todas as pessoas que participaram de alguma forma da minha trajetória até aqui. Amigos, familiares, colegas, conhecidos, parceiros de trabalho, clientes e funcionários.

Em especial, a alguns amigos que contribuíram demais em minha vida pessoal. Aos meus amigos Leandro Silva, Ângela, Francisco, Ênio e Éliton Queiroz, que desde a minha infância estiveram presentes abrindo as portas de suas casas para mim. Sandra, Celso e Karina Komezo, por participarem diretamente dos momentos mais difíceis, sempre presentes com muita paciência e persistência.

Externo minha gratidão ao Paulo Silva, por me ensinar importantes lições de vida. Ao Anderson e o Sr. Orlando Figueiredo, por terem me ajudado com carinho e toda boa vontade do mundo. Ao Adair Vanin, por ser um amigo de verdade, ter me ajudado a enxergar grandes oportunidades sem interesse algum e me aconselhado com grandes e sábios exemplos.

Ao Caio Abdala (boi), Enéas (Shula), Ronald Calaça (Naldinho), Élcio (Balaio), Rodolfo (Ligeirinho), Márcio Zaccaria, Rodrigo Mengate, Enrico Ceneviz, Marcelo Vasques e Carol Buoro, por terem participado dos melhores e inesquecíveis momentos. Ainda, ao Lucas Castanheira, Adriana, Raquel, Fabiana de Oliveira e Jô Belluco, por acompanharem e terem uma importante participação na minha etapa de crescimento, vivenciando junto comigo algumas "loucuras".

E por fim, à minha tia Sônia Quintal, que me ajudou demais nas dificuldades em que passei.

PREFÁCIO

Em meados de 2009, aconteceu na cidade de Santos, um evento do Núcleo Casa. Eu, juntamente com duas amigas da arquitetura, fomos participar desse evento, na verdade, era uma noite de premiação para empresários, empreendedores, lojistas e arquitetos de um grande conglomerado de pessoas que, em prol de um produto ou um serviço de alta qualidade, pudesse oferecer melhores soluções para o ecossistema da arquitetura e do designer de interiores.

E lá eu conheci o Ramon. Sempre muito bem apresentável, esclarecido sobre o que queria fazer e também muito educado.

Conversamos, trocamos algumas ideias sobre negócios, vida pessoal e performance, e, de uma maneira muito orgânica, ali começou uma relação de amizade, admiração e respeito.

Com o passar do tempo, eu conheci um pouco mais sobre o Núcleo Casa e o trabalho do Ramon, imediatamente, percebemos uma sinergia entre a gente, o que nos levou a trabalhar em um projeto único, revelador e que o mercado nunca tinha visto antes, o Embaixadores do Núcleo Casa.

Esse projeto, basicamente, era viajar para algumas cidades do país e difundir o conhecimento, a educação, a estratégia, as possibilidades de negócio, de escala, transformar e ainda melhorar os negócios através de inteligência de mercado.

Foi uma experiência incrível, fantástica, e uma das coisas que mais me chamou a atenção foi o meu nome escrito no jatinho em que viajei. Aquilo me fez perceber duas características muito importantes no Ramon, ele é um cara cuidadoso e zeloso, que é o mesmo que levantar a régua e subir os padrões. Definitivamente, elevar os padrões é o que ele faz com muita facilidade.

Conhecendo um pouco mais das estratégias, eu tive a oportunidade de ver que até indo para o palco do teatro do Oscar, ou em eventos nos Estados Unidos, em Dubai, em vários lugares do mundo, recebendo títulos, premiações e reconhecimentos, existia por trás de um homem de negócios, uma pessoa que gostava e valorizava o resultado.

Foi assim que eu conheci o Ramon, hoje nós temos um relacionamento bastante profundo, ele tem muita habilidade para conseguir influenciar empreendedores e pessoas que querem empreender por meio da sua história muito bonita, mas que nem sempre foi assim.

Sua história começou no interior de São Paulo, com uma pequena agência de *marketing*, porém, hoje, tem uma empresa reconhecida no mercado e se tornou uma pessoa que pode contribuir muito mais.

O Ramon sempre gostou muito de estudar e, através de suas lives, em algumas eu até tive a oportunidade de participar, ele sempre procurou contribuir no *mindset*, nos hábitos, nas rotinas, em negócios e em vendas, fazendo com que as pessoas pudessem conseguir atingir seus objetivos.

Eu acredito que este livro aborda muito mais do que uma história empreendedora, uma história de vida, uma filosofia de vida de uma pessoa que começou em um lugar simples e que hoje conquistou um espaço relevante no mercado, tem o respeito no seu segmento, que contribuiu e ainda tem muito a contribuir com o mercado empreendedor brasileiro, mesmo tendo impacto internacional.

Estou muito feliz em poder participar deste livro, para mim é uma honra escrever estas palavras, com muito orgulho, muita satisfação, e tenho certeza que, nas próximas páginas, a partir de agora, você irá conseguir ver por dentro um homem de sucesso, a forma de pensar, a sua filosofia de vida, o seu sentimento e tantas histórias que foram possíveis ser transformadas de uma provável adversidade em uma oportunidade através da força de uma atitude empreendedora, do conhecimento, e, acima de tudo, da fé e da confiança em si próprio.

Aproveite esta leitura para refletir. Antes de acabar o livro, vocês terão muitos *insights* e muitas certezas. Essa é uma plataforma que servirá para você colocar estratégias nos seus negócios, na sua vida e na missão do seu trabalho.

Boa leitura, aproveitem, está só começando. Um forte abraço.

Joel Jota
Escritor, empresário e especialista em alta performance

SUMÁRIO

O CARA MAIS AZARADO DA FAMÍLIA

Nasci na cidade de Limeira SP, onde DIVIDO COM SÃO PAULO até os dias atuais. Tenho uma irmã 8 anos mais nova que eu, com quem divido várias lembranças boas, principalmente no lugar onde mais convivi, na Vila São Cristóvão.

A minha família morava pertinho, praticamente todos no mesmo bairro, por essa razão, convivi minha infância toda junto dos meus avós, tios, primos, sempre muito próximo deles, até chegar o momento de ir trabalhar e me afastar um pouco. No entanto, carrego comigo as boas lembranças que vivi em família.

Costumo dizer que tive uma "infância raiz", aproveitei ao máximo, jogava taco na rua, subia em árvores, soltava pipa, carrinho de rolimã e várias brincadeiras de interior mesmo. Como eu morava em uma ladeira, costumava andar de skate constantemente, inclusive, tenho, praticamente, todos os ossos do corpo quebrados, acho que só a cabeça ficou intacta, contudo, não me arrependo das cicatrizes que tive, no fim, foi bem divertido.

Estudei na Escola Estadual Castelo Branco, onde permaneci a maior parte da minha vida acadêmica, ela ficava na mesma rua da minha casa e isso era muito bom. Fiz muitos amigos na escola, inclusive, alguns mantenho contato até hoje.

Lembro-me de que eu era muito hiperativo e tinha altíssimo déficit de atenção, comia borrachas, lápis, jogava papel nos meus amigos. Suspensões e advertências eram bem comuns para mim.

"TUDO ISSO ME LEVOU A REPETIR TRÊS VEZES A QUINTA SÉRIE"

Só consegui ser aprovado quando surgiu um incentivo do governo, a partir daquele momento, eu fui "obrigado" a passar para a sexta série. Se não fosse isso, eu não teria conseguido, sofri bastante por causa do alto nível de déficit de atenção.

Já cheguei a ser expulso da escola, mas a diretora, que até hoje não entendo o porquê, gostava muito de mim, sempre encobria as minhas peripécias, e olha que eram inúmeras.

Deste modo, meus estudos foram muito turbulentos. Além do déficit de atenção e a hiperatividade, descobri só depois dos 18 anos de idade que eu tinha um problema na visão. Eu não sabia que não enxergava direito, sempre me sentava no fundão e não distinguia bem o que estava escrito na lousa, no entanto, nunca me preocupei com esse detalhe antes.

"OS PROBLEMAS FORAM SE ACUMULANDO E EU FUI ME PREJUDICANDO CADA VEZ MAIS"

Em algumas matérias, eu não passava de ano, em especial, matemática, eu tinha muita dificuldade com os números. Já em português, geografia e história, eu passava tranquilo.

Depois de ter repetido tantas vezes e perdido tanto tempo, resolvi fazer supletivo e, em seguida, faculdade. Precisei correr atrás do prejuízo, fiquei dois anos atrasado, mas corri rápido e consegui resolver essa questão.

Naquela época, não se falava em *bullying*, mas eu sempre ouvia alguns comentários do tipo: "*Ele é estranho*". Porém, eu nunca sofri com isso, apesar de saber que aquilo não era uma brincadeira legal, pois eu estava longe de ser estranho, pelo contrário, sempre fui uma criança normal, mas nada daquilo mexia comigo.

Como tudo que é ruim ainda pode piorar, eu sempre fui um menino azarado, isso já veio da infância, tudo que eu fazia dava errado. Lembro-me de certa vez ganhar uma bicicleta de presente no natal, fiquei muito feliz, era uma tarde linda, o sol estava radiante, porém, quando saí para brincar com o meu presente novo, começou a chover.

Em outras vezes, quando saía para brincar com a bicicleta, o pneu furava, ou eu caía, ou era atropelado por um carro. E isso fazia com que as pessoas mais próximas, como a minha avó e até o meu pai, me falassem: "*Cara, você é a pessoa mais azarada que eu conheço, tudo de errado e de ruim acontece com você.*"

E era verdade o que eles diziam, não foi apenas com a bicicleta que tive azar. Quando eu fazia uma pipa e corria para a rua a fim de soltá-la, o vento simplesmente enroscava a pipa e eu a perdia. Não sei se era por causa da hiperatividade ou da falta de concentração, mas enfim, a questão de azar começou aí, desde o início, tudo que eu pegava para fazer, queria concluir rápido, na ansiedade e sempre dava errado.

"EU ERA INTITULADO, DESDE CRIANÇA, O CARA MAIS AZARADO DO MUNDO"

MEUS SONHOS DE MENINO

Todo menino tem um sonho, e o meu era me tornar alguém bem-sucedido, referência em algo, tanto na vida pessoal como profissional.

Sempre que eu ia brincar com um dos meus primos em que seu pai tinha uma condição financeira bem melhor que a nossa, eu ficava querendo aquela vida, imaginando ter os mesmos brinquedos que ele tinha. Na minha cabeça, eu sempre desejei ser igual ao meu tio.

Assim como o meu pai, eu sempre gostei de carros, então me imaginava comprando um *"buguinho"*, porque eu queria ter um bug, um patinete, embora nunca tenha chegado a ter isso na minha infância, mas eu via as pessoas mais próximas que tinham, no caso, o meu primo e eu falava: *"Nossa, que legal, esse é meu sonho."*

Então, meu maior sonho de infância era esse, ser bem-sucedido para também poder ter aquelas coisas. Sempre fui determinado a ter uma história, uma realização pessoal e profissional de sucesso, **sempre almejei isso desde criança.**

Embora eu tenha tido uma educação muito rígida, que inclusive sou muito grato aos meus pais por isso, eu sempre fui "metido" a empreendedor. Mesmo o meu pai não gostando de me ver fazendo "negócios" na escola, como trocar minha bicicleta, relógios, roupas e outras coisas, eu costumava fazer isso. Ele sempre me falava: *"Você tem que ter as suas coisas, se quiser um relógio novo, vai lá trabalhar e comprar outro de outra cor."*

Meu pai nunca gostou disso e ainda me falava: *"Faça as coisas bem-feitas, para fazer uma vez só."* Para mim aquilo era impossível, eu não conseguia fazer as coisas bem-feitas porque eu queria fazer rápido, eu era bastante ansioso e, na maioria das vezes, dava errado.

"A MINHA EDUCAÇÃO FOI SEMPRE MUITO FORTE, MUITO FIRME, MUITO RÍGIDA"

Por outro lado, eu tinha as minhas duas avós que sempre me apoiaram muito, avó Olinda e Carmem. Aquela velha história de que neto pode tudo. Quando comecei a empreender, com apenas 16 anos de idade mais ou menos, eu ia sempre na casa da minha vó Olinda, montava um "escritoriozinho" e ficava lá por horas fazendo de conta que estava trabalhando. Na época, eu estava começando um negócio com semijoias e bijuterias.

Quando comecei a trabalhar com lava-rápido, era na garagem da casa da minha avó que eu lavava os carros, eu sempre recorria a uma delas, as minhas duas avós me apoiaram muito.

Hoje, eu não tenho dúvidas de que essa relação que tive com meus pais, juntamente com minhas avós, me ajudaram a chegar aonde cheguei. Com certeza, a base que eu tive de educação familiar, a proximidade com eles fez com que eu crescesse com essa base, com essa índole. Meu pai era muito rígido na questão de troca, como já mencionei antes, e honestidade, se ele soubesse de algo que fiz de errado, certamente não hesitaria em me corrigir. E como sou grato a ele por isso.

Eu lembro de um dia ter apanhado muito, foi inesquecível, talvez essa tenha sido a maior surra que levei, ou uma das maiores. Na época da minha infância, os carros tinham um biquinho de ferro no pneu, não sei se você lembra disso, era um bico de ferro na roda do carro, como sempre fui muito hiperativo, fui lá e roubei um para colocar na minha bicicleta, coisa de moleque, mas o dono do carro me deu um flagrante, chegou no momento em que eu estava tirando o biquinho do pneu do seu carro.

Ele era nosso vizinho, nos conhecia bastante, então me levou até o meu pai e falou: "*Olha, peguei seu filho arrancando o bico do pneu do meu carro.*" Rapaz, mas eu apanhei tanto naquele dia que nunca consegui esquecer. Fiquei de castigo por vários dias, aquilo sim foi uma "surra raiz".

Mas como eu agradeço por esse dia, pois foi ali que aprendi que nunca mais deveria mexer nas coisas dos outros. Por ver alguns amigos fazerem aquilo constantemente na rua, para mim, era natural, então, naquele momento, pensei: "*Se eles fazem e está tudo bem, vou lá e também pego, vou pegar daquele pneu ali, todo mundo faz isso.*" No entanto, foi aí que eu me ferrei, ou melhor, que tive uma das maiores lições da minha vida.

"SE O MEU PAI NÃO TIVESSE ME DADO UMA SURRA OU UM CORRETIVO BEM DADO, ME CONHECENDO COMO CONHEÇO HOJE, EU PODERIA TER VOLTADO A FAZER"

UM MENINO REBELDE

Minha infância foi muito boa, brinquei bastante, curti os primos, amigos, as brincadeiras de rua, porém, se eu pudesse voltar no tempo, eu mudaria algumas atitudes, e uma delas seria a minha rebeldia.

Eu era muito rebelde e isso me prejudicou bastante, principalmente a minha relação com os meus pais. Essa rebeldia, que não sei se era devido a fase da adolescência ou por causa do meu problema de hiperatividade, me deixou muito retraído, com vários tiques nervosos e ainda psicologicamente um pouco pesado, só atraía coisas ruins. A velha história do menino azarado.

Hoje eu enxergo diferente, acredito que eu mesmo atraía tudo aquilo para minha vida, toda aquela rebeldia me fazia mal, fazia com que coisas erradas acontecessem o tempo todo comigo.

"ALÉM DE AZARADO, EU ERA REBELDE"

NASCE UM EMPREENDEDOR

Dizem que quem é empreendedor já nasce com essa veia, eu não acredito nisso, embora hoje eu seja taxado como tal e até ouça muitas pessoas falarem: "Ah, você nasceu com essa estrela." Falo exatamente o contrário de tudo isso, até porque eu nunca fui um bom vendedor, tanto que tenho dificuldade até hoje para vender coisas minhas.

Por exemplo, na minha época de infância, alguns amigos meus compravam bicicletas, lixavam, pintavam e vendiam novamente, tudo com muita facilidade. Já eu, mesmo me dedicando bastante, tentava fazer o mesmo e não conseguia.

Eu fazia as coisas com tanto carinho que, quando chegava o momento de vender, eu tinha dó e acabava não vendendo. Isso acontece até hoje, mesmo percebendo que me atrapalha muito, não consigo mudar. Eu cresci com isso, e quebrei diversas vezes na tentativa de montar um negócio, e não foi só nas vendas, mas no administrativo também.

"EMPREENDER VAI MUITO ALÉM DE VENDAS, PRECISA TER PULSO FORTE, GARRA E DETERMINAÇÃO"

Para se tornar um empreendedor, você precisa ser muito determinado, tem que saber que irá errar, cair e levantar diversas vezes e, mesmo assim, seguir em frente sem olhar para trás. Enquanto somos jovens e imaturos, não pensamos dessa forma, nos preocupamos apenas em ganhar, e rápido, queremos focar em acertar e nunca errar, **esquecemos de que errar faz parte do aprendizado.** O melhor aprendizado.

Desde a minha infância, eu sempre quis ser bem-sucedido, ser referência em alguma coisa, não sabia no que, mas eu sempre almejava ser parecido com o meu tio ou igual as pessoas que eu via na televisão, porém não sabia como. Além disso, eu não tinha condições psicológicas, financeiras ou tampouco educacionais para chegar aonde eu queria.

"MINHA ÚNICA OPÇÃO ERA IR ME DESENVOLVENDO, ME CONSTRUINDO COM O QUE DAVA"

Contudo, eu sempre acreditei que o foco, alinhado ao objetivo, é importante desde criança. O foco te dá um direcionamento e aumenta demais as chances de acertar.

Para mim, isso foi um norte muito importante, porque como eu queria ser bem-sucedido, eu ficava avaliando o que devia ou não ser feito. Antigamente, era muito comum ter que fazer algo errado para se dar bem, sempre tinha que passar por cima de alguém. Eu cresci ouvindo histórias do meu avô, do meu pai, do meu vizinho que se alguém conseguiu se dar bem na vida, era porque ele havia tirado de alguém, usado outra pessoa de trampolim, não necessariamente ter roubado, feito algo de ruim, mas com certeza ele teria passado por cima de alguém. Feito algo que não era somente trabalhar, se dedicar e ser inteligente.

Só com o decorrer do tempo é que fui vendo que não era bem assim, que existiam duas versões, sempre dos dois lados, e eu fui aprendendo e estudando esses casos. O meu direcionamento de propósito, por exemplo, veio de natureza, estimulado pelo que eu via na vida do meu primo e tio, aquilo me mostrou um caminho. Eu queria ser daquele jeito.

Eu nasci em um bairro pobre, estudei em escola pública, as minhas referências eram outras, eram 90% ruins, negativas, pobres e apenas 10% eram boas, eu optei por focar nos 10%. Graças a Deus tive essa consciência.

MINHAS DIFICULDADES

Sempre íamos à missa, fiz catecismo, fui crismado na religião católica, frequentava todo domingo a igreja, e até hoje eu lembro dos tiques nervosos que eu tinha. Eram em torno de 11 tiques, alguns já consegui vencer, no entanto, ainda restaram dois que não consegui me livrar.

Quando eu chegava na igreja, os tiques começavam, dentre eles, havia os que mais me prejudicavam, um deles era puxar o meu cabelo, fazia isso tantas vezes que perdi uma boa parte deles, o outro era mexer com a cabeça de um lado para o outro. Todos ficavam quietos me olhando, no entanto, para mim, nunca ninguém falou nada, mas eu percebia os olhares estranhos. Algumas meninas me falavam: *"O que está acontecendo com você? Você está com algum problema?"*

Mas eu não percebia, até que um dia o meu pai chegou para mim, o que foi um grande divisor de águas na minha vida, e falou: *"Ramon, vou te pedir uma coisa, já cansei de te xingar, bater em você e mesmo assim você não para, agora eu vou pedir por favor, você consegue parar de mexer assim com a cabeça, consegue parar? Eu estou dirigindo e você está aqui do lado, isso está me incomodando, eu não consigo dirigir. Promete que irá se esforçar?"* Ele nunca tinha falado comigo daquele jeito.

Perceba o nível que era aquele tique nervoso. Eu lembro que olhei para ele e falei: *"Tá bom, eu vou tentar."* Até aquele momento, o meu pai só me repreendia, porém, quando ele falou desta forma: *"por favor, está insuportável isso"*, aquilo tocou em mim.

Era muito difícil para mim simplesmente parar de fazer, eu nunca fui a um profissional ou busquei ajuda para aqueles tiques, nunca fiz tratamento algum, mas resolvi buscar forças para vencer aquilo de uma outra forma, passei a me policiar e os tiques nervosos foram diminuindo, passei a controlá-los usando as forças que tinham dentro de mim.

Mas eles me atrapalharam muito, além da vergonha que sentia na escola. Imagine, em uma sala de aula, um menino cheio de tiques nervosos, hiperativo e muito tímido. Esse era eu. Só conseguia me enturmar com a galera do fundão, embora eu fosse o mais retraído, conseguia me envolver devido a bagunça, por exemplo: *"Vamos quebrar uma placa?"* Eu ia. *"Vamos pichar o muro da escola com giz de cera?"* Eu era o mais atrevido.

Embora, ao mesmo tempo, eu fosse o menos comunicativo. Com as meninas, era cheio de insegurança, tinha dificuldade em paquerar, em conversar com alguém e, para piorar, eu não falava bem, tinha língua presa, falava o "s" muito distorcido, era ruim de me ouvir falar.

Dessa época, existem amigos de infância, do primeiro ano de faculdade e familiares com os quais mantenho contato até os dias de hoje.

PASSEI A COPIAR AS PESSOAS

Para você ter uma ideia, eu copiava até o jeito da pessoa falar, e não foi só durante a minha infância, esse hábito me acompanhou até um tempo atrás, quando eu não conseguia me encontrar.

Eu copiava os gestos, o jeito de falar, até os tiques e frequentava os lugares que as pessoas que eu queria ser igual iam, eu lembro que meu tio, que era o mais próximo, sempre tomava café numa padaria, como eu não tinha dinheiro para tomar café, eu ficava passando na frente da cafeteria para vê-lo e copiar o jeito que se comportava e até como se sentava. Sabe aquela figura que você realmente se espelha e materializa? Era exatamente assim.

Na época, não tinha Instagram ou redes sociais que nos possibilitassem isso, mas hoje, se você segue uma pessoa que você nunca viu na vida, consegue se espelhar um pouquinho nela. Antes não tínhamos essa facilidade, era necessário ir ver a pessoa em algum lugar, você tinha que ir pessoalmente vê-la.

Lembro-me de várias vezes, no sábado, no domingo pela manhã, ter ido olhar a cor do carro que o meu tio usava. Por mais que ele fosse meu tio, não éramos tão próximos, ele tinha uma vida corrida, eu tinha mais proximidade com meu primo, por isso tinha vergonha de chegar nele e perguntar alguma coisa, então ficava de longe olhando e copiando o meu tio. Ele nem imaginava isso, aliás, hoje deve ter alguém se espelhando em você, e você nem sabe.

Nunca contei isso para ele, mas é engraçado, eu realmente me espelhava no meu tio, ele me motivava. A única pessoa que sabia disso era minha primeira namorada, a Karina, namorei ela no total de 13 anos, ela sabia de tudo isso. Hoje, talvez nós nem imaginamos, mas podemos estar motivando outras pessoas.

MEUS VALORES

Quem acompanha a minha história, consegue enxergar um pouco da raiz do interior nela, inclusive, ainda trago comigo o "sotaquezinho" de lá. E algo que me confortou bastante quando eu fui para São Paulo, e também para outras capitais a trabalho, foi ter conhecido muitos empresários que eu nem imaginava que eram do interior também, alguns, inclusive, continuam com casa e família lá.

Isso me tirou um peso e me fez pensar: *"Poxa, eu não sou o patinho feio da história, não sou o cara de fora."* Lógico que existem casos e casos de pessoas que, em sua grande maioria, são do interior e escondem sobre isso, eu nunca quis esconder ou nunca senti vergonha, claro que às vezes me policio na forma de falar, mas é da natureza da pessoa, não tenho que esconder quem eu sou, a minha essência.

Para mim, preservar a sua raiz, não só no mundo dos negócios, como também na vida pessoal é muito importante, isso traz uma maior afinidade, proximidade, leveza, uma certa inocência, transparece um pouquinho mais de honestidade, não só comercial. No meu negócio, por exemplo, acaba favorecendo.

Trago comigo muitos valores que adquiri na minha infância, lógico que vamos nos moldando conforme a nossa realidade, e vamos aprendendo também com os erros, mas a maioria deles eu faço questão de trazer comigo, como, por exemplo, o tipo de música, as melodias que eu cresci ouvindo na casa da minha avó, que até hoje as escuto, as roupas, o sotaque, acabamos trazendo conosco esses valores e essa essência, eu acredito que é característico, não é negativo.

EU TINHA TUDO PARA DAR ERRADO

Eu realmente tinha tudo para dar errado, meu único ponto a favor era ter claro na mente um objetivo. Atualmente, ouvimos muitas pessoas se queixarem, dizendo: "Ah, mas eu nunca tive apoio", ou "Porque eu não nasci em 'tal' lugar", ou ainda: "Eu não sou comunicativo igual você." Isso são apenas desculpas que nosso cérebro cria para nos confortar por não estarmos onde queremos. Tome muito cuidado com isso e policie-se diariamente!

Eu não nasci com uma estrela na testa como muitos pensam, pelo contrário, eu precisei correr atrás dos meus sonhos, sofri muito, chorei demais, me desesperei várias vezes. Durante anos, eu só tinha minha namorada para chorar comigo, só ela. Embora eu me considerasse "burro e incapaz", por ter repetido de ano três vezes na escola, descobri que aquilo não era verdade, eu tinha condições físicas de correr atrás do que queria, então passei a pensar da seguinte forma: *"Poxa, eu tenho o principal, muita saúde, condições físicas e um objetivo claro na cabeça, basta levantar a bunda e correr atrás."*

Porque, ao mesmo tempo, eu vi pessoas que tinham força de vontade, porém o físico não permitia, que queriam avançar, mas o psicológico, o intelectual não acompanhava, e isso você não consegue mudar, então tudo o que eu tinha de ruim, eu conseguia mudar com a força de vontade. O principal eu tinha, era algo de natureza, que todos nós, em sua grande maioria, têm.

Sempre fui muito consciente disso e pensava: *"O que me impede de sair andando a pé e ir lá prospectar um cliente?"* Uma coisa que eu nunca fiz, foi ficar dentro de casa, parado, saía nas ruas para falar com as pessoas, conversar, e isso dava certo. Como nada me impedia, era exatamente isso que eu fazia e, aos poucos, fui trabalhando e conquistando cada vez mais confiança.

Quando digo que eu tinha tudo para dar errado, é porque, nos dias de hoje, não vejo um caso de alguém fazendo isso, com as dificuldades que eu tive. As pessoas estão acostumadas a se vitimizarem, a criarem desculpas, não é que antes não existisse esse tipo de pessoa, mas, hoje, mesmo tendo mais possibilidades, elas continuam não querendo assumir as suas responsabilidades.

Antes não tínhamos tanto acesso como temos hoje, falo isso porque eu só tinha o meu tio para que eu pudesse me espelhar, já hoje, quantas pessoas prósperas vemos no Instagram? Pessoas nas quais podemos nos espelhar, aprender algo. Temos que seguir coisas boas, produtivas e deixar se "contaminar" com coisas boas. Nada de fofocas, falar da vida dos outros, memes. Isso atrasa sua vida e é um freio na sua evolução. Siga pessoas interessantes, que te ajudam a evoluir, refletir e ter a vida que você almeja.

Claro que muitas vezes isso pode gerar um conflito em algumas pessoas, tanto é que muita gente fica procurando aquele "clichê", perguntando: *"Quando você virou a chave? "Quando que a fadinha veio e fez uma mágica para você?"* Na verdade, são várias fechaduras que você vai virando ao longo da vida. Eu, particularmente, não acredito em uma virada de chave.

E é basicamente assim: você pode virar a chave em uma decisão, como por exemplo: *"Vou pedir minhas contas do emprego e vou montar meu próprio negócio, vou mudar de vida, de ramo, vou me casar, parar de fumar, ter um filho, me separar"*. Tudo isso são mudanças que podem ajudar a girar a chave da sua vida, mas não abrir a porta. No entanto, as pessoas estão sempre perguntando: "*Qual foi o momento da virada de chave em que você era pobre e ficou rico?*"

Não existe esse momento. Eu fiquei um ano e meio lendo livros em voz alta para poder me acostumar com a minha voz, para aprender a falar com as pessoas, ter segurança em mim mesmo. Nessa época, eu li mais de 100 livros, e me ajudou muito, esse foi o motivo de aprender a falar direito.

Como eu tinha problemas com a língua e não havia procurado ajuda médica, por falta de dinheiro e orientação, tive que ir atrás sozinho. Quando eu conversava com alguém, prestava atenção em como ela falava, na movimentação da sua língua e ficava me questionando: "*Por que ela fala direito e eu não?*" É por isso que eu falo que com tantas dificuldades que eu tive, realmente foi a força de vontade que me fez chegar aonde cheguei.

Os meus pais nunca me falaram como eu deveria falar, eu fui descobrindo sozinho. Acredito que por isso eu sempre procurei me espelhar em alguém, os meus amigos até falavam: "*Ah, mas aquele cara você não conhece, como vai se espelhar nele? Você não sabe como ele é, e mesmo assim fica falando dele.*" Passava o dia inteiro falando com eles sobre essas pessoas que eu copiava.

ASSUMA AS RESPONSABILIDADES

"QUANDO VOCÊ DESCOBRE QUE A CULPA DO SEU INSUCESSO NÃO ESTÁ NOS OUTROS, É HORA DE MUDAR"

Eu culpava muito o meu pai pelas minhas dificuldades, era nele em quem eu mais tinha expectativas. Nós éramos muito próximos, mas como moro em outra cidade, estamos um pouco mais afastados.

No entanto, tudo que acontecia de ruim, eu o culpava. Se minha mãe estivesse triste, era por causa dele, se um dos meus amigos ganhava um videogame e eu não, era porque o meu pai não queria me dar. Lembro-me de que já na adolescência, quando eu repeti de ano pela terceira vez, o meu pai falou: "*Olha, você não vai mais estudar, você é um desgosto para mim.*" Porque as únicas coisas que eu fazia era estudar e nadar, fazia natação porque eu tinha bronquite, não conseguia respirar bem e nadar me ajudava. Eu andava a pé 2 km até a natação, ia e voltava a pé, era um longo percurso, porém essa atividade me sarou da bronquite e me deu muito condicionamento físico.

Nesse dia, o meu pai falou: "*Você só nada e estuda, e repetiu três vezes cara, a partir de hoje, não vai mais estudar, agora você vai trabalhar.*"

"PAREI DE IR À ESCOLA, JÁ QUE EU NÃO ESTUDAVA MESMO, E COMECEI A TRABALHAR"

Fui trabalhar em um lava-rápido, mas não durou muito tempo, mexia com um produto químico que acabou trazendo de volta a bronquite que eu tinha e meu pai resolveu me tirar de lá. Em seguida, como ele tinha uma fábrica de semijoias, começou a me levar para trabalhar com ele.

E sempre que acontecia um insucesso na minha vida, em qualquer área que fosse, eu culpava o meu pai, até entender que não era somente sua culpa. Quando eu identifiquei tudo isso, lógico que foi um processo de anos, para identificar e entender aquilo tudo, mas depois que consegui, eu o chamei para conversar e nos aproximamos.

E por mais que tenham ficado algumas cicatrizes, consigo perceber que tudo o que meu pai fez foi bom, tiveram mais pontos positivos do que negativos. Caso ele tivesse me ajudado da forma que eu queria, se tivesse evitado que eu sofresse o que sofri, com certeza eu não estaria onde estou, não teria me tornado um homem forte, digno, pelo contrário, seria apenas mais um entre tantos acomodados e vitimistas que vemos por aí, assim como vários amigos da época se tornaram.

NASCENDO PROFISSIONALMENTE

É lógico que, para chegar até o momento de montar o primeiro negócio, eu tive algumas etapas de aprendizado e de estímulo. Como mencionei antes, meu primeiro trabalho foi em um lava-rápido, eu tinha uns 14 anos nessa época, e para me ensinar a dar valor às coisas, o meu pai me colocou para trabalhar, como não pude dar continuidade lá devido meu problema de saúde, meu pai preferiu que eu não fosse mais.

Como eu gostava muito de carro e o meu pai conhecia uma loja onde eu era bem envolvido, ele falou assim: *"Já que gosta muito de som de carro, por que você não vai trabalhar com instalação de som em carros?"* Então eu fui, trabalhava na parte da manhã com as instalações e voltei a estudar no colégio onde estava terminando a sexta série.

Trabalhei com os melhores da minha cidade, no Max Som, Chambinho, Oficina Auto Som e, nessa época, eu aprendi muito, porque aquilo era realmente um trabalho. Aprendi a instalar som em carros, então eu cortava as madeiras, fazia o acabamento de carpete, passava a fiação nos carros, tinha horário para entrar e para sair, foi quando eu comecei a ter um pouquinho mais de noção de um trabalho e responsabilidades.

O meu pai sempre aparecia por lá e dizia: *"Não dá moleza para ele"*, e eles não davam mesmo. Lembro-me de que mesmo sendo contratado para instalar som, eu fazia bem mais que isso. Tudo o que eu queria era passar fios, ver os alto-falantes, fazer as caixas de som, porém como eu era o mais novo, o "mascotizinho" da galera, eles sempre falavam: *"Você tem que varrer o chão; Não pode deixar as ferramentas esparramadas; precisa guardar todas as ferramentas antes de ir embora."*

Era marcação cerrada, e isso, por mais incrível que pareça, me deu uma dinâmica de proatividade muito grande. Na época era assim: os caras chegavam, davam uma "bicuda" na sua bunda, um tapa na cabeça, trancavam você no banheiro, se tivesse tudo sujo e você não tivesse limpado, quando fosse ao banheiro, eles te prendiam lá, te deixavam uma hora trancado, isso quando não jogavam produtos químicos por debaixo da porta para te sufocar. Atitudes de moleques mesmo.

Foi assim que eu aprendi a ter proatividade e essa eficiência, eu sabia que, para entrar no banheiro, antes, teria que ter feito toda a minha parte, caso contrário, o pessoal me trancaria lá dentro. Isso me ajudou demais, eu tinha que varrer o chão, arrumar as ferramentas, instalar som e eu amava fazer isso, gostava muito mesmo.

SURGINDO UM EMPREENDEDOR

"MINHA PRIMEIRA TENTATIVA DE EMPREENDER NÃO DEU CERTO"

Montei um lava-rápido ainda na minha adolescência, há uns 25 anos atrás. Eu ia com um balde na casa dos clientes lavar os carros, fazia isso nos finais de semana, mas lógico que eram só os carros da família e dos conhecidos. Eu gostava muito de fazer aquilo, e certa vez, na minha inocência, eu queria lavar tão bem o carro que peguei a bucha de *Scott Bright,* a parte verde, pensando em deixar mais limpo e esfreguei o carro inteirinho. Nem preciso dizer o que aconteceu, né?

Quando o meu pai viu, quase me matou por causa disso, resumindo, mais aprendizado para minha vida.

Foram várias travessuras nessa época, lembro-me que, certo dia, junto com um amigo, resolvemos gazear aula e pular o muro da escola. Meu pai tinha uma loja de semijoias na cidade de Campinas e minha mãe havia ido trabalhar com ele. Eu nunca tinha dirigido um carro antes, mas resolvi pegar a Saveiro que meu pai tinha na garagem, descobri onde ele escondia a chave do carro e falei com meu amigo.

Fui todo entusiasmado e disse: "*Descobri aonde o meu pai guardou a chave do carro, vamos lá pegar?*" Ele respondeu mais entusiasmado ainda: "*Vamos.*"

Eu não sabia ao menos como ligar, a única coisa que eu sabia era que precisava passar a primeira marcha para poder sair. Resumindo a história, eu bati o carro do meu pai atrás de um caminhão e, em vez de ir embora guardá-lo, continuei andando com o carro todo batido. Não foi apenas uma batidinha, foi uma batida feia mesmo e o pior, esse era o carro "xodó" do meu pai.

Como continuei andando, além dos amigos do meu pai terem me visto, resolvi passar em frente a saída da escola. Claro, imediatamente ligaram para contar ao meu pai e logo um dos seus amigos veio e me tomou o carro.

Corri para casa da minha avó tentando fugir do meu pai. Eu sabia que iria levar a pior surra da vida. Fiquei com ela durante três dias, sempre que ele aparecia, a minha avó trancava o portão para que ele não entrasse e me batesse. Foi muita traquinagem mesmo.

Por fim, o meu pai me tirou de vez da escola e ainda falou: "*Agora você vai trabalhar para pagar o conserto do carro, não importa quanto tempo leve. Irá trabalhar igual um camelo e receber o mesmo que qualquer funcionário.*" Fui trabalhar para ele, afinal, não tive escolhas, na sua loja que ficava no calçadão da Álvares Machado, em Campinas, vendia bijuteria no atacado para revendedores. Como ele tinha um funcionário que ficava panfletando com o mostruário de semijoias pendurado, estimulando as senhoras a irem lá e comprar para revender as bijuterias, ele resolveu me colocar no lugar daquele rapaz. Na época, não morávamos em Campinas, íamos e voltávamos todos os dias de Limeira.

Saí definitivamente da escola na sexta série e comecei a panfletar. Ficava o dia todo em pé, comia sempre o almoço de marmitex, porque o meu pai não me deixava comer junto com eles.

Ele estava com muita raiva. Fiquei por mais de um ano entregando papel na rua, eu gostava de fazer aquilo e o que mais deixava meu pai enfurecido era me ver gostando, tudo o que eu pegava para fazer, eu acabava gostando, me adaptava e me entregava rápido, abraçava a causa, me divertia e ainda dava resultado. Eu panfletava muito, meu pai falava: "*Cara, subiu um monte de cliente que você levou, está dando resultado.*" Aquilo me deixava muito satisfeito.

Então ele mudou de loja, antes era na parte de cima, sobreloja, e depois, fomos para o térreo, em uma rua por trás, foi quando eu tive a minha oportunidade. Como ele viu que eu estava mais maduro, que já tinha teoricamente aprendido a lição, havia parado de estudar e, consequentemente, perdido todas as amizades que tinha na escola, que às vezes até poderiam me atrapalhar, me estimular a fazer coisas erradas, ele me deixou voltar aos estudos.

Comecei a fazer supletivo, em Campinas mesmo, resolvi terminar o primeiro grau, na época era a sexta, sétima e oitava série. Fiz o supletivo, terminei em 6 meses e voltei a trabalhar na loja, eu passei a ser vendedor, embora eu saísse para panfletar quando a loja estava sem movimento. Quando tínhamos poucos clientes na loja, eu ia panfletar para trazer movimento, e trazia.

"PANFLETAVA E ATENDIA AOS CLIENTES, SEMPRE NESSA DINÂMICA"

Passei muito tempo trabalhando com o meu pai, mas sempre brigávamos bastante. Quando ele voltava para Limeira, no sábado após o almoço, pois a loja fechava ao meio-dia, ficava o dia inteiro bebendo no bar com os amigos, a minha mãe ficava em casa e, quando o via chegar assim, começava a discutir. Isso acontecia todo final de semana, os dois brigavam, eu saía e acabava discutindo com ele por ter chegado bêbado e por ter brigado com a minha mãe.

Nessas ocasiões, por várias vezes, eu chutava e amassava o seu carro, ele me mandava embora, eu ficava um mês sem trabalhar com ele, depois ele me chamava de volta e eu voltava. Coisas de pai e filho, mas, sem dúvidas, tudo aquilo foi um mega-aprendizado.

Até que um dia nós brigamos feio, ele havia chegado muito bêbado, como sempre, discutiu com a minha mãe e eu chutei o carro dele inteirinho, acabei com o carro que tinha acabado de comprar. Olhei sério para ele e disse: *"Eu não vou mais voltar a trabalhar com você, não quero mais, chega, vou montar o meu próprio negócio."*

MEUS PRIMEIROS EMPREENDIMENTOS

Resolvi abrir o meu próprio lava-rápido. Como eu já havia trabalhado com isso antes, lembrei que os clientes sempre falavam: "Lava no capricho aí hein", então decidi batizar o meu primeiro negócio com o nome de: Lava-rápido Capricho.

Eu tinha apenas 17 anos de idade, não tinha habilitação, no entanto, a minha preocupação era: *"Onde eu vou montar o meu lava-rápido?"* A ideia de ir com o balde na casa do cliente não adiantava, então fui procurar no bairro onde eu morava um barracão ou um terreno que eu pudesse alugar. Contudo, eu não tinha um real no bolso, meu pai não havia me dado nada, então eu não tinha dinheiro, não tinha nome limpo, não tinha nada.

Mas como eu estava decidido, não me deixei abater. Fui até a casa de um senhor que possuía uma oficina mecânica em um "barracãozinho", chamado Oficina do Raul, que havia fechado recentemente, bati e já pensei comigo: *"Eu tenho apenas 17 anos, não tenho dinheiro, sobrenome, muito menos um carro, vou ter que usar algum artifício e será o nome da minha avó."*

Assim eu fiz, cheguei e falei: *"Sou neto da dona Carmem que mora aqui na rua de cima, sou filho do Carlinhos."* Ainda usei o nome do meu pai. O senhor todo sorridente respondeu: *"Ah, conheço a dona Carmem e todo mundo lá."* Meu pai era bastante conhecido por causa da loja de carros, então eu disse: *"Quero montar um lava-rápido, você me ajuda? Porém eu não tenho dinheiro agora ou fiador."* Eu lembro até hoje, custava R$ 400,00 o aluguel do Barracão, ele me pediu um mês adiantado e como eu não tinha, resolvi pedir para um amigo meu, falei: *"Tonhão, me empresta R$ 400,00?"*

Ele me emprestou, eu dei para o dono da oficina e abri o meu lava-rápido. Era um barracão grande, não existia lava-rápido na cidade em barracão, era sempre em terrenos com pedras no chão e um puxadinho. Na Capricho tinha circuito interno de TV, vaporeto que, na época, era equipamento de luxo e eu não usava produtos químicos. Era uma grande revolução para o mercado. Isso tudo em 1998.

Depois disso, fiquei seis meses no barracão e não consegui pagar o aluguel, pois não tinha condições.

Eu lavava um carro a R$10,00 e tinha que pagar R$400,00 de aluguel, sem contar com os produtos de limpeza que tinha que comprar, ainda chamei dois amigos de infância para trabalhar comigo, um deles era o Eliton, pagava por dia aos meninos, não ganhava nada, não tinha como, então falei assim: *"Bom, eu preciso fazer alguma coisa, além de trabalhar de segunda a segunda e domingos até meio-dia.*

Na época, tinha uma oficina de carro que estava bombando, o Rodolfo da Oficina Ligeirinho, tinha adesivos com o nome Ligeirinho colados na frente das testeiras dos carros, era moda isso. O cara estava no auge, todos que possuíam um carro queriam colocar o adesivo dele no para-brisa, e tinha um outro amigo meu, o conheci quando ainda instalava som em carros, que havia montado uma empresa de instalação de *insulfilm*, o Balaio da Vision Filme, que também estava entrando na moda naquela época.

Então fui até eles e falei que queria fazer vários *outdoors* na cidade com o meu nome e divulgaria eles junto comigo. Coloquei o fundo em amarelo e as letras em preto, no tapetinho do carro, colocaria a marca dos negócios deles também, que seria colorido. Nenhum lava-rápido na época tinha feito o tapetinho colorido. Faria também uns folhetos para entregar no semáforo, a essa altura eu já sabia que entregar panfleto funcionava muito bem. A minha namorada, na época, ia comigo a pé me ajudar a entregar os folhetos nos semáforos.

Como eu tinha a Karina, minha namorada, eu a chamava nos sábados para ficar na frente do semáforo da *Winner*, uma loja de motos da Honda, lá era o *point* da galera, todo mundo parava os carros ali. Passávamos o sábado e o domingo, o dia inteiro panfletando para na segunda colher os resultados.

Em tudo eu colocava a logomarca dos parceiros, para mim, era muito bom, por ser um novato, um lava-rápido pequeno, mas já conter o Ligeirinho que estava no auge, e também o *Balaio*, me trazia notoriedade.

Fiz vários *outdoors*, nós rateávamos o custo, quer dizer, eu nem ganhava e também não pagava, porque eu fazia e não tinha dinheiro para pagar, acabei sujando o meu nome de novo.

Na época, comprei um aspirador de pó, o vaporeto e uma máquina *Wap* nas Casas Bahia e não consegui pagar, aí começou o perrengue mesmo. Embora o lava-rápido tenha se tornado o mais conhecido, não dava dinheiro. Até hoje se perguntarem pelo lava-rápido Capricho, a galera vai lembrar. Naquele tempo, tinham mais de 180 carros adesivados com o nome "Capricho" no para-brisa, eu dava para que eles fizessem a propaganda.

QUEBREI E VOLTEI A TRABALHAR COM O MEU PAI

Como eu devia bastante, acabei fechando mesmo. O lava-rápido sobreviveu apenas seis meses e eu fiquei devendo para todo mundo, mas foi ali que me encontrei na publicidade. Foi ali que tudo começou. Eu percebi que não apenas lavava carros, mas que havia tornado uma marca conhecida em seis meses, sem dinheiro, com as ferramentas que eu tinha. Visualmente era bonito, todo mundo queria o adesivo, e eu comecei a ter uma outra visão para isso.

Eu fechei o lava-rápido, estava no perrengue mesmo, nome sujo em vários lugares, aí surgiu o meu pai novamente. Ele me procurou porque estava abrindo sua segunda loja e falou: *"Vem trabalhar comigo porque eu preciso de um braço direito para cuidar da outra loja."* Eu falei: *"Lógico, eu vou."*

Fui trabalhar com ele e voltei para o supletivo em Campinas para fazer o segundo grau que não havia terminado. Retomei os estudos e comecei a entender um pouquinho mais sobre publicidade, passei a aplicar tudo na loja do meu pai. Aprendi a fazer arco de bexigas para decorar a frente da loja, eu escrevia em cartazes, ia entregar papel, cobrava no caixa, enfim, foi um sucesso a loja, meu pai bombou, foi muito bacana e foi um mega aprendizado também.

ME TORNEI CONCORRENTE DO MEU PAI

Depois disso, nós brigamos de novo, porque ele continuava do mesmo jeito, então pensei: "*Agora que eu entendo de semijoias, essa já é a segunda vez que eu estou aqui na loja do meu pai, entendi que fazer publicidade funciona, vou abrir uma para mim e vou concorrer com ele.*" Eu tinha quitado as minhas dívidas do lava-rápido com o salário que ganhava com o meu pai, então fui lá e fiz mais um monte de dívidas, aluguei uma sobreloja, exatamente como ele começou, e panfletava bastante, já tinha experiência.

Quando dava muito movimento na loja, eu levava o irmão do meu amigo que trabalhou comigo no lava-rápido, o Ênio, para me ajudar.

Na época, eu briguei com o meu pai por ele ter discutido novamente com a minha mãe em casa, era sempre assim, nós nunca brigávamos por problemas entre nós, era sempre por causa da minha mãe ou problema familiar, dificilmente era entre mim e ele.

Lembro-me de que ele tinha um carro e o deixava com a minha mãe, eu o pegava escondido, ia para Campinas e voltava, às vezes, quando a minha mãe não me deixava pegar o carro, eu ia de ônibus abrir a loja que tinha acabado de montar.

Fiz muitas dívidas nesse período. Eu comprava o latão para confeccionar as semijoias e banhava de ouro em fornecedores, na maioria das vezes, era o meu tio Paulinho quem fazia isso, pois ele tinha o seu próprio banho de ouro e me ajudou muito. Então ele fazia isso para mim, fiado, e eu levava as semijoias para vender às revendedoras, no entanto, como eu não possuía maquininha de cartão e não tinha crédito, precisava fazer tudo na promissória.

As pessoas que compravam também não tinham dinheiro. Levavam as semijoias, vendiam e só depois voltavam para me pagar. Eu tinha um pacote de promissórias que só crescia, quase ninguém voltava para me pagar. Quem vai respeitar um moleque de 18 anos? Resumindo, quebrei de novo.

"A LOJA SE CHAMAVA BUENOS SEMIJOIAS, ATÉ HOJE GUARDO ALGUNS CARTÕES DE VISITA"

Quando o meu pai ficou sabendo que eu havia aberto a loja, ficou irado, e com razão. Como eu já tinha amizade com as clientes dele, por ter trabalhado na loja, eu ligava para elas e convidava para irem comprar comigo, a maioria não ia porque já me conhecia, como eram clientes mais antigas, sabiam que era briga de pai e filho e as que iam, imediatamente falavam para ele.

"ESSE EMPREENDIMENTO TAMBÉM NÃO DEU CERTO, DUROU APENAS TRÊS MESES E QUEBREI NOVAMENTE"

Quando fechei a loja de semijoias, voltei para Limeira e fui morar com a minha avó. Como eu já estava envolvido com esse tipo de negócio, decidi montar uma equipe de soldas para fabricação de brincos dentro da casa dela. O que durou apenas três meses e também quebrou. Montei sem dinheiro de novo, na ansiedade de ser empresário, sem *know-how*, sem clientes e estrutura psicológica nenhuma.

"O FATO É QUE EU NÃO TINHA DINHEIRO PARA NADA, TUDO O QUE FAZIA TINHA QUE SER NA RAÇA"

O MEU SONHO DE EMPREENDER CONTINUAVA

Eu era tão encanado com isso que, certo dia, a minha mãe ganhou uma quantia em dinheiro e não hesitei em pedir para que ela comprasse uma mesa de reunião. Lembro que ela me olhou sem entender nada e perguntou: *"Para que você quer isso?"* E eu respondi: *"Eu quero pôr na sala da casa da avó e todos os sábados vou ficar o dia inteiro fingindo que eu tenho uma empresa para tocar."*

Essa foto foi em um desses sábados. Esse *notebook* não funcionava, eu tinha comprado para mostrar que eu tinha um. Na época, era muito caro e quem tinha era muito bem-sucedido, eu o havia comprado quebrado mesmo, só porque queria tê-lo. Naquela época, um notebook custava o mesmo que um carro, e embora eu soubesse que aquele não funcionava, fazia questão de tê-lo sobre a minha "mesa de reuniões" e o ostentava.

Mexia nele todo, abria, fechava, até brincava que estava funcionando normalmente. Eu tinha alguns livros e um globo, montei uma estante, peguei o tapete da sala da minha mãe e montei o meu escritório, embora fosse fictício, aquilo me deixava muito encantado e realizado.

Para me tornar bem-sucedido, eu sabia que teria que montar um negócio, essa ideia não saía da minha cabeça: **eu tinha que ter o meu próprio negócio**, no entanto, tudo o que eu tentava dava errado. Foi quando eu comecei a mentalizar, fechava os olhos e ficava pensando: *"Desse lado é o escritório, ali embaixo é a fábrica, a turma está trabalhando no lado esquerdo."* Cara, eu fingia que tinha um escritório real, uma empresa de verdade produzindo.

Eu saia com a Karina todo domingo à tarde, com a moto emprestada do irmão dela, o Guto, e passava várias vezes em frente as grandes fábricas, olhando e desejando ter uma empresa daquelas.

O meu tio tinha uma chácara e sempre levava alguns clientes para lá, eu os observava conversando, o meu tio chamava os parceiros para um churrasco e eu o imitava. Ele se sentava em uma mesa da Marfinite, aquelas de plástico branco, e ficava por horas conversando com seus clientes, gesticulando, contando cases.

Resolvi então pedir para que a minha mãe comprasse uma mesa igual. Na próxima foto, você irá me ver conversando com um amigo de infância, perceba como eu gesticulava enquanto conversávamos, era como se eu estivesse fazendo igual ao meu tio, conversando sobre negócios, contudo, em um ambiente que não era condizente. Era na casa da minha avó, em frente ao meu "escritório". Eu era tão ansioso que, na foto, veja que estava chovendo, mas mesmo assim pedi para que minha mãe batesse a foto para mim.

"ERA UMA FISSURA, EU QUERIA REPETIR AQUILO TAMBÉM"

Quando eu e o meu pai discutimos novamente, dessa vez, na casa de minha mãe em Limeira, pensei: "*Bom, aqui em Limeira não vou conseguir nada. Já montei fábrica, já tentei o lava-rápido e mesmo assim não deu. Preciso ir para Campinas, lá as coisas acontecem.*" Bem em frente à loja do meu pai, onde eu trabalhei por muitos anos, tinha um estacionamento de carro, na época, existia uma rede de lojas chamada Seller que tinha mais de 20 lojas espalhadas pelo Brasil, ela concorria diretamente com a loja Pernambucanas, eram megalojas, o dono delas e seus filhos guardavam seus carros nesse estacionamento.

Esses caras se tornaram a minha nova inspiração, porque os caras eram "avião", e meu pai falava muito deles, dizia: "*Esses são os donos da Seller, o pai e o filho sempre trabalhando juntos. São milionários e são muito humildes e bonzinhos, de uma educação excepcional.*" Eu nunca tinha visto meu pai falar isso de alguém, então pensei: "*Existem mesmo pessoas boas bem-sucedidas?*" Na época, eles tinham comprado uma Mercedes, aquele modelo era restrito, poucos tinham, e aquilo fez com que eles subissem ainda mais no meu conceito. Eu sempre os via e cumprimentava, até que, quando eu me dei mal novamente no último negócio, decidi: "*Vou lá pedir emprego a eles, eu cansei de montar as coisas, de trabalhar com meu pai, eu não quero mais.*"

Nesse período, a minha namorada também me falou: "*Não dá mais né Ramon, você monta um negócio e logo em seguida fecha. Você precisa trabalhar em alguma empresa e fazer o que gosta. Chega de errar.*" Ela me ajudava muito, quando eu abri a minha loja de semijoias, ela que me emprestava o dinheiro para comprar maçaricos e algumas outras coisas, ela trabalhava, ganhava um salário apenas e mesmo assim sempre me ajudava da forma que podia.

Enfim, falei: "*Deus, eu preciso mudar de vida, eu não sirvo para montar nada, olha quantas tentativas eu já tive. Só decepção e sofrimento.*"

Decidi ir trabalhar de empregado, então a minha namorada, a Karina, e a sua mãe falaram: *"Vai trabalhar com marketing, você é bom nisso."* Refleti sobre isso e concordei, porém, quis tentar em outro lugar, mesmo sem conhecê-los, eu resolvi ir pedir um emprego para os donos das lojas Seller.

Peguei um ônibus para Campinas e fui a pé da rodoviária até o centro, como eu e o meu pai ainda estávamos brigados, não queria ficar na frente da loja dele, então fiquei na esquina de baixo, eu sabia o horário que eles iriam sair. Resolvi falar com o filho do dono, o senhor Alessandro, ele era um pouquinho mais próximo da minha idade. Parei na esquina e falei: *"Seu Alessandro, posso falar com você?"* Ele respondeu: *"Pode, o que foi?"* Fui bem direto ao ponto, disse: *"Briguei com meu pai e não quero mais trabalhar com ele, eu queria trabalhar com o senhor, na Seller."* Ele falou: *"Mas como?"*

Como era outubro, estava chegando o final do ano, eu sabia que eles sempre contratavam um extra nessa época, pois as vendas aumentavam bastante, então falei: *"Não sei se o senhor sabe, mas eu ajudei o meu pai em sua loja, eu trabalhava aqui com ele, comecei na sobreloja, panfletava, vendia, recebia."* Ele responde: *"Ah, mas é seu pai, eu conheço o seu Carlos, não seria legal."* Eu falei: *"Seu Alessandro, eu estou pedindo emprego, preciso trabalhar, você pode me dar uma oportunidade?"* Sua resposta foi: *"Ramon, eu não cuido disso, eu vou passar para o gerente da loja."*

A maior loja deles tinha sete andares, era no calçadão, no último andar, ficava o escritório central. Ele prometeu que me indicaria para o gerente e eu entreguei meu currículo para ele, peguei o ônibus e fui embora. No dia do meu aniversário, lembro até hoje, 16 de novembro, recebi uma ligação do processo seletivo da loja me chamando para ir fazer entrevista naquele mesmo dia. Imediatamente falei: *"Pô, eu vou sim"*.

Fui de ônibus, todo animado e, quando cheguei na loja, era o pai, o dono de todo aquele império quem faria a entrevista. Ele me olhou e disse: *"O senhor Ramon não é o filho do seu Carlos?"* Embora eu tivesse apenas 21 anos, ele tinha o hábito de chamar a todos de senhor. Falei: *"Sou eu mesmo."* Então me perguntou: *"O que você está fazendo aqui?"*

Naquele momento, fiquei apreensivo, achei que a entrevista acabaria antes mesmo de começar. No entanto, fui muito sincero e respondi: *"Eu mandei o currículo para o Alessandro, pedindo uma oportunidade porque eu sei que vocês estão contratando para final de ano."* Ele me olhou inquieto e disse: *"Mas, e a loja do seu pai? É lá que você deve trabalhar. Você precisa apoiá-lo, vai deixar seu pai sozinho?"*

Percebi que, naquele momento, eu precisava falar a verdade, contar de fato o que estava acontecendo. Falei: *"Nós brigamos e essa não foi a primeira vez, sempre discutimos muito, eu não quero mais trabalhar com ele, preciso fazer isso sozinho, dará mais certo."* Ele me ouviu atentamente e respondeu: *"Mas não é assim, aqui não é a loja do 'papai', não é assim que funciona, aqui é pesado, tem que trabalhar, cumprir horário, bater metas."*

"AQUELA FRASE FICOU GRAVADA EM MIM: AQUI NÃO É A LOJA DO PAPAI"

"Não tem problema, pode me dar a meta. A única coisa que quero é uma oportunidade, e se eu te desapontar, o senhor terá razão, mas, por enquanto, me dê a oportunidade." Ele tinha medo de gerar conflito com o meu pai, mas mesmo assim resolveu me aceitar, falou: *"Está bem, você me convenceu, vou te dar o emprego."* Era uma quarta-feira e eu iria começar na segunda.

Fiquei muito feliz e agradecido pela oportunidade, até porque, os outros candidatos que estavam esperando fizeram apenas a entrevista, eu fui o único que ele contratou naquele dia.

UM NOVO DESAFIO

Na segunda-feira, cheguei ao trabalho muito empolgado. Comecei como vendedor de tapetes no quarto andar, porém tinha um problema, ou melhor, vários. Lá não tinha uma janela sequer, era tudo fechado, para todos os lados eram pilhas e mais pilhas de tapetes e cortinas, não tinha ventilação alguma.

Em cada andar ficava um tipo de mercadoria, no andar de baixo, era tecidos, depois vinha a linha infantil e, no térreo, tinha um mix de tudo. Dessa forma, só subia no elevador quem realmente queria comprar algo bem específico. Nos três andares superiores, ficava o estoque e, no último, o escritório central.

Comecei empolgado, porém eu não era bom com vendas, tinha muita insegurança em falar devido ao meu problema com a língua presa, além disso, eu nunca fui vendedor com metas a bater.

Estava apreensivo, pois não tinha onde morar em Campinas, estava sem dinheiro e não conhecia ninguém. Ia e voltava de ônibus, até descobrir que o senhor Orlando, pai do Anderson, ia e voltava todo dia para Limeira de carro. Tinha aberto uma loja de calçados em Campinas, então pedi carona para ele até me ajeitar.

"NOS PRIMEIROS MESES, NÃO CONSEGUI BATER A MINHA META"

Por mais que eu me empenhasse, não conseguia melhorar as vendas. Me chamaram e falaram: "*Se no terceiro mês não bater sua meta, vai para rua.*" Resolvi pedir uma outra oportunidade, mais um mês, e prometi: "*Vou bater minha meta e revolucionar esse negócio.*"

Eu precisava de uma estratégia, então pensei: "*Cara, eu estou vendo que não sou bom em vendas, tenho receio de vender um negócio caro, preciso criar alguma coisa.*" A maioria das pessoas que iam à loja eram muito simples, eu acabava sentindo pena de vender para elas, eram as senhoras da igreja, o "povão" mesmo. Então criei uma estratégia, lembro-me de que tínhamos muitos tapetinhos de telefone, aqueles que colocávamos embaixo dos telefones fixos, eles custavam R$4,99 cada.

Além dos tapetinhos, tinha outra pilha de tapetes de entrada para banheiro, capacho de entrada de casa e os tapetões "bitelos". Fiquei imaginando como eu iria vender tudo aquilo, pois estávamos no quarto andar, as pessoas que subissem até lá é porque realmente queriam comprar algo e eu tinha que aproveitar ao máximo. Comecei a pesquisar, a estudar uma forma de bater a minha meta. Eu sabia fazer cartazes e decoração com bexigas, fiz isso com o meu pai, então decidi que iria fazer o mesmo ali. Falei com o gerente do meu setor, mostrei a minha ideia e ele aceitou.

Coloquei a minha ideia em prática, fiz um cartaz de promoção: ***"Só hoje de 5,99 por 4,99"***, fiz uma decoração em volta e enchi as pilhas de tapetinhos, coloquei na saída do elevador, um ponto bem estratégico, e já no primeiro dia consegui vender quase tudo. Porém, eu tinha que colocar o meu número de vendedor, que na época era o 46, na etiqueta do produto para que as minhas vendas fossem contabilizadas quando o cliente passasse no caixa. Como eu não tinha feito isso antes, não conseguia contabilizar as vendas e não batia a meta.

Precisei criar uma outra estratégia para que os clientes usassem o meu número ao passar pelo caixa. Escrevi em todas as etiquetas o meu número, o cliente, mesmo sem ter sido atendido por alguém, pegava e levava direto para o caixa já com meu número, o 46 escrito bem grande, e deu super certo, começou a bombar as minhas vendas. Passei a vender os tapetes maiores, que custavam de R$600,00 a 700,00 e comecei fazer pilhas de tapetes grandes, os enrolava e fazia um canudo para deixá-los mais atrativos.

Nesta foto eu estava apresentando as estampas dos tapetes a um casal. Veja os tapetes de banheiros à direita, pendurados, os tapetes de quartos à esquerda, na porta do elevador com as etiquetas a mostra e o cartaz escrito à mão em cima da pilha de tapetes grandes.

TAPETE
PARA
QUARTO
MEGA
40%
SELLER

Passei a sempre criar novidades no meu setor e, consequentemente, a bater todas as metas, só que, ao mesmo tempo, eu acabava gerando um certo desconforto com os outros vendedores. Fui me tornando um pequeno *case* de sucesso dentro da loja.

NOVAS ESTRATÉGIAS

Devido ao ambiente fechado, voltei a apresentar problemas respiratórios, a rinite e bronquite que eu achei que tinha me livrado, retornou. Além disso, por causa do ácaro que tinha nos tapetes, desenvolvi um processo alérgico na pele, que acabou ficando cheia de bolhas. Fui ao médico e lembro que gastei meu salário inteiro com o tratamento.

O médico me recomendou, ainda, a não ficar em ambientes fechados. Pensei: *"Que azar, agora que eu estava deslanchando, que as vendas estavam acontecendo."*

Nesse período, eu ainda pegava carona, todos os dias eu ia e voltava de Limeira, e eu tinha muita vergonha porque não tinha dinheiro para ajudar a pagar o combustível e o pedágio, então eu falava assim: *"Tio Orlando, segura aí que quando eu receber eu ajudo."* Ele passava na minha casa e me pegava, me ajudou muito nesse momento, nunca me cobrou nada, pelo contrário, quando eu ia pagar, ele não recebia, sabia que eu estava com dificuldades.

Quando o médico me falou que eu não poderia mais ficar em ambientes fechados, fui até o gerente do meu setor e falei: *"Olha, está aqui a receita do médico, eu consegui melhorar o setor, bater minha meta, mas não posso continuar aqui. O senhor consegue me ajudar indicando a outro setor?"* Ainda pedi para que ele me enviasse para o térreo, lá só tinha vendedores profissionais, os caras tinham que vender e entender de tudo.

Lá no térreo eram vendidas capas de sofás, travesseiros, cortinas, tapetes, era um verdadeiro mix, onde mais se vendia. Então pedi que me dessem mais uma oportunidade e eles concordaram. Me jogaram lá para ver o que daria.

Já cheguei pensando em qual estratégia iria adotar para conseguir vender, os vendedores que estavam lá já eram acostumados, eram rápidos e sagazes. Resolvi falar com o gerente do setor, sugeri: "*Vamos fazer uma promoção aqui na porta? Eu sei fazer arco de bexigas e cartazes, vamos fazer?*" Ele topou.

Havia um locutor esportivo que trabalhava na CBN e que à tarde fazia os anúncios da loja. Eu só conseguia vender alguma coisa depois que ele chegasse para anunciar os produtos no calçadão. Ali passavam inúmeras pessoas o dia todo, eu não poderia ficar esperando que ele chegasse só depois das 13 horas para começar a vender, então resolvi criar algo que chamasse a atenção dos clientes, pois, antes da locução, não se vendia nada.

Fiz o arco de bexigas, cartazes, promoções, uma exposição igual a que eu fazia no quarto andar para vender mais. Vender até vendeu, mas não era tudo aquilo, e os outros vendedores ainda reclamavam com o gerente: "*Ah, esse Ramon fica fazendo peripécias aqui, enchendo bexigas, fazendo barulho.*" Eu gastava duas horas do meu dia para montar tudo aquilo, deixando de vender durante esse tempo e ainda ajudava a todos os outros a venderem também, porém não estava adiantando o esforço.

Fui até o gerente novamente e falei: "*Acho que vou ter que fazer locução.*" Ele me olhou sério e disse: "*Você está louco! Não consegue ao menos vender direito suas coisas, como irá fazer locução?*" Respondi: "*Eu tenho que fazer locução porque estamos perdendo meio-dia de vendas, eu e a equipe inteira aqui da frente poderíamos estar vendendo muito mais.*" Então ele resolveu me dar uma oportunidade.

Imagine, eu tinha a língua presa, era muito tímido, nunca tinha falado em um microfone antes, mal conseguia vender um produto da loja, mas eu sabia que teria que fazer a locução. Então, se tenho que fazer, vou fazer. Chamei os outros vendedores e perguntei se algum deles toparia fazer, todos se negaram, então decidi fazer, porque, caso contrário, nós não venderíamos e eu perderia o meu emprego.

Passei a fazer locução, cheio de vergonha, o calçadão cheio de pessoas indo e vindo, a maioria me olhando, as caixas de som no último volume e eu ali tentando vender algo. Foi um verdadeiro fiasco. Os vizinhos fizeram um abaixo-assinado para que eu parasse, ninguém aguentava tanto barulho. Eu não tinha ritmo nenhum, não tinha pegada nenhuma, voz nenhuma e, ainda por cima, a língua presa, ou seja, nada me favorecia. Queriam me matar!

APRENDENDO UMA NOVA TÉCNICA

Eu precisava fazer alguma coisa para mudar a minha vida, não queria ser um vendedor, e sim um empreendedor, sonhava em me tornar rico. Se eu continuasse daquele jeito, o máximo que eu conseguiria era me tornar um gerente de vendas, esse seria o meu cargo máximo, e eu não queria isso.

Decidi então aprender a fazer locução. Comecei a perguntar às pessoas como mudar o meu problema de língua presa, até que uma vendedora chamada Elisa me falou que sua filha também sofria com esse problema, mas que já estava fazendo o tratamento com uma fonoaudióloga. Ela me contou que se o meu caso não fosse cirúrgico, apenas com a técnica certa eu conseguiria vencer essa dificuldade, assim como era o caso de sua filha.

A minha mãe sempre falava que o meu caso não era cirúrgico, era apenas porque eu soltava o ar do lado errado. Segundo a Elisa, eu precisaria apenas treinar a forma certa de soltar o ar, como eu não tinha dinheiro para pagar uma fonoaudióloga, não tinha plano de saúde, resolvi aprender sozinho. Como eu tinha alguns livros em casa, (minha mãe me deu o primeiro, chama-se *Técnicas de Administração e Vendas Para o Varejo*) passei a ler ele em voz alta. Dessa forma, além de treinar a técnica de soltar o ar pela ponta da língua enquanto falava, eu iria ganhar mais conteúdo.

Sendo assim, eu comecei a ler vários livros e a me acostumar com a minha nova forma de falar, e para ajudar, eu tinha acabado de entrar para a faculdade cursando, claro, Publicidade e Propaganda.

Decidi ir comprando livros de publicidade conforme sobrava dinheiro do meu salário. Eu lembro que chegava a ler de 4 a 6 livros por mês, passava a noite inteirinha debruçado neles. Comecei a ter muito conhecimento sobre publicidade, mídia, além de livros de histórias de outros publicitários como Washington Olivetto, Chico Santa Rita, Duda Mendonça, Roberto Justus, enfim, me apaixonei por tudo relacionado ao mercado de marketing e publicidade.

Até que aprendi a falar da forma correta, fui fazendo locução, me aperfeiçoando e, quando eu comecei a usar as técnicas certas, as vendas e os resultados começaram a acontecer. Passei a fazer os cartazes, o arco de bexigas e também a locução, mesmo as vendas aumentando, eu não estava satisfeito.

Procurei saber quem era responsável pela publicidade da rede e descobri que era uma agência terceirizada, tinha uma menina do atendimento que cuidava do marketing lá dentro, ela não era tão boa, todos os gerentes de vendas falavam que não gostavam dela, então pensei: *"Está aí, eu vou entrar no lugar dessa menina, vou continuar sendo locutor para que o patrão me veja todos os dias de manhã e vou fazer isso aqui bombar para chamar a sua atenção, não adianta eu encantar o meu gerente, eu não quero nada com a loja, eu quero com a rede."*

Como ele me via trabalhando todo dia na porta da loja por onde ele entrava, percebia o meu esforço fazendo locução, batendo a minha meta e ajudando aos outros vendedores a venderem também, o que fiz durante um bom tempo. Resolvi conversar e pedi uma oportunidade, cheguei para ele e falei: *"Seu Alessandro, quando surgir uma vaga para o marketing, eu quero que o senhor me dê essa oportunidade."* Ele me olhou e disse: *"Pô, Ramon, mas você é vendedor."* Respondi: *"Eu sou, mas não quero ser vendedor, eu quero ir para o marketing."*

Depois de muita insistência, ele entendeu, então me disse que, quando surgisse uma oportunidade, me chamaria. Não foi bem isso que aconteceu, já que fiquei sabendo dias depois que a vaga apareceu e ele não me chamou.

Eu havia acabado de entrar para faculdade, começaria a cursar Publicidade e Propaganda, no primeiro ano, mas eu não estava sendo visto da forma que eu queria. Resolvi que, no dia seguinte, assim que ele entrasse na loja, eu perguntaria para ele o que eu precisava fazer para me especializar e estar preparado para assumir o marketing da rede, ele respondeu: *"Ramon, primeiro você precisa entender da loja como um todo, da empresa, saber de todos os produtos que vendemos, não somente sobre publicidade, do que fazer e como fazer."*

"A CADA DIA EU FAZIA UMA NOVA PERGUNTA"

Passei a pesquisar nos outros setores quais produtos vendiam com mais facilidade e quais demoravam a ser vendidos. Pensei o seguinte: o marketing tem que ajudar a vender o que não vende. E foi exatamente isso que eu fiz, aqueles produtos mais caros ou que custavam a sair, passei a fazer a *merchandising* deles na porta da loja, o resultado não demorou a chegar, comecei a fazer a loja inteira vender, todos os setores.

Eu sempre tive muita coragem, mesmo não sabendo das coisas, eu procurava saber e me arriscava muito, corria atrás, sempre me esforcei demais. Acho que esse é o meu principal diferencial e onde outras pessoas não conseguem competir. Nunca me dou por satisfeito e nunca me acomodo.

Quando percebi que o meu gerente estava ficando um pouco enciumado por eu estar tendo mais visibilidade do que todos os outros, nessa época, a loja tinha mais de 100 funcionários, eu fui até ele e falei: *"Senhor Luciano, gostaria de desabafar contigo, eu não quero ser vendedor, nem gerente de vendas ou tampouco gerente geral de loja, eu preciso que o senhor me ajude a chegar no marketing, esse é meu objetivo, de lá eu posso te ajudar muito."* Eu tive que convencê-lo a me ajudar, a falar bem de mim para o senhor Alessandro, para que ele me enxergasse de outro jeito.

Enfim, o meu gerente resolveu me ajudar, ele procurou o senhor Alessandro e disse: *"O Ramon é um bom vendedor, bate a meta dele e ainda ajuda os outros a venderem, também está estudando publicidade e se dedicando muito."*

Tudo isso era verdade, eu estava me dedicando bastante, o meu horário de trabalho, por exemplo, era de 13h até às 18h, mas eu sempre chegava às 8h da manhã para fazer a locução e as arrumações, ou seja, acabava fazendo dois turnos. E, quando saía da loja, já ia direto pegar o ônibus para ir a faculdade.

DE VENDEDOR A GERENTE DE MARKETING

O meu tio empreendedor, no qual eu sempre me espelhei, havia montado uma TV e uma rádio na minha cidade Limeira, chamada TV e Rádio Mix. Como eu estava entrando nesse meio, pensei que ela tivesse mais a ver comigo, até porque, na loja, eu não estava conseguindo uma oportunidade para onde eu almejava, que era o departamento de marketing.

Fui pedir emprego para a secretária do meu tio, a Vânia, através de minha avó Carmem, pedi umas três vezes e a resposta era sempre a mesma: não tinha vaga. Precisei montar outra estratégia, então pensei: *"Preciso dar um xeque-mate no filho do dono, no senhor Alessandro, pois ele era o responsável por esse setor na empresa"*. Eu já estava enchendo o saco dele para que me contratassem pelo menos como assistente de marketing e nada.

Quando cheguei na loja, na segunda-feira, fui direto procurá-lo, como eles tinham loja em Limeira, conheciam essa rádio e, inclusive, faziam anúncios nela, falei: *"Olha, senhor Alessandro, o meu tio montou uma TV e uma rádio e quer que eu vá trabalhar com ele, se você não me der uma oportunidade para o marketing, eu vou ter que sair. Não quero mais ser vendedor."* Eu estava terminando o primeiro semestre da faculdade, estava falando muito bem, já tinha lido vários livros e já sabia tudo sobre a loja. Olhei firme para ele e disse: "*Quero a oportunidade, caso contrário, eu vou pedir as contas.*"

"EU ESTAVA DETERMINADO, REALMENTE IRIA SAIR"

Quando ele percebeu que o negócio era sério, me pediu para ter calma e garantiu que a minha hora chegaria.

Passaram-se dois meses e nada, fui procurá-lo novamente e ele disse que a menina havia saído e que agora era a minha oportunidade, e eu estava preparado. Toda essa minha insistência me levou a deixar de ser vendedor e me tornar responsável pelo *marketing* da rede inteira.

O plano de carreira era de 5, 6 anos, porém, para mim, foram apenas 6 meses. De vendedor de tapetes para o marketing da rede toda, foi exatamente isso, 6 meses. Aquilo era o meu sonho, no entanto, eu nunca tinha feito um *jingle*, um folheto ou algo parecido na vida, nem na faculdade.

A minha sorte é que tinha um gerente geral que gostava de mim, ele era das antigas, me achava esforçado e percebeu que entre os mais de 100 funcionários que a loja tinha, nenhum havia feito o que eu fiz, de fazer locução, mesmo sem saber, apesar do problema na pele, não pedir para sair, não se vitimizar, mas sim mudar de andar, via que eu sempre me esforçava para bater a meta, ajudava todos a venderem mais, fazia exposição dos produtos. Isso não era comum, a galera ficava cada um na sua, eu fui o único *case* que meteu a cara e fez acontecer. Então ele me deu a oportunidade, me apoiou muito.

Tornei-me a ponte entre a Seller e a agência, no entanto, eu não tinha carro para me deslocar até lá, procurei o senhor Alessandro e falei que eu precisava fazer um estágio na agência, que lá eu iria aprender a fazer as coisas na prática. Da Seller eu já entendia dos produtos, sabia os preços de cada um deles, tanto que, quando eu me sentava na frente do computador para o diretor de criação criar as campanhas, conseguia falar tudo de cabeça para ele, desde os preços até as medidas e modelos disponíveis.

O senhor Alessandro concordou, fui na agência e aprendi tudo. Eu me sentava do lado do cara da criação, enchia ele de perguntas, aprendi a usar o *CorelDraw* e o *Photoshop* apenas observando ele mexendo. Era muita informação, quando chegava uma campanha, Dia dos Pais por exemplo, era preciso escrever *jingle* para rádio, um roteiro para o comercial da TV, patrocinar no programa da Ana Maria Braga na TV Globo, fazer tablóides para distribuir na rua, cartazes, providenciar carro de som para anunciar, era uma linha completa de comunicação, e eu vendo tudo aquilo e aprendendo. Estava me sentindo realizado.

UMA OPORTUNIDADE DENTRO DE OUTRA

Quando o dono da agência percebeu que eu tinha a "pegada do varejo", que é algo difícil de se encontrar, e a dinâmica de entender tudo aquilo, ele perguntou: *"Ramon, você não quer fazer prospecção de novos clientes?"* Eu gostava disso e conhecia os donos das lojas vizinhas a Seller, quando eles iam falar com o senhor Alessandro, eu sempre os cumprimentava, eu sabia quem eram os caras. Então respondi: *"Caramba, é isso que eu quero, estou estudando para isso."*

Logo me colocou para prospectar, e foi aí que comecei a abrir clientes de lojas de varejo lá em Campinas. Eu não tinha carro, moto, nada, fazia tudo a pé. Da Seller até a agência era mais de uma hora andando a pé, e mais uma hora para voltar e ir para a faculdade. Contudo, já de imediato, percebi que não daria para continuar daquela forma por muito tempo, passei a cobrir um santo e descobrir o outro, a Seller, que era o meu principal trabalho, foi perdendo minha atenção, e o seu Alessandro começou a me cobrar. Lembro como se fosse hoje, quando o senhor Alessandro foi me passar para agência, me disse uma frase que me marcou bastante, ele me falou: *"Ramon, o senhor está trocando de camisa, mas não de time"*. Isso ficou gravado na minha cabeça e eu respeitava muito a confiança depositada em mim.

Eu ficava um dia na agência, outro na loja, mas isso não estava funcionando, a loja estava precisando da minha atenção, e o dono da agência queria que eu ficasse direto com eles prospectando e atendendo outras lojas, pois eu era muito bom nisso, entendia a fundo o varejo.

"EU PRECISAVA TOMAR UMA DECISÃO, NÃO QUERIA FRUSTRAR A SELLER"

Na agência, eu tinha uma mesa para trabalhar, ficava prospectando clientes e eu gostava de fazer aquilo, por outro lado, eu não podia deixar o seu Alessandro na mão, estava me "queimando" com ele.

PEDI MINHA DEMISSÃO

Eu estava muito cansado, além da pressão que sofria da agência para fechar com os clientes, eu ia e voltava a pé do centro até Botafogo, e o pior: sabia que eu estava fazendo errado com a Seller, por isso resolvi pedir a minha demissão. Eu ganhava R$ 700,00 na época, e a mensalidade do meu curso custava R$ 900,00; com aquele salário, eu não conseguia nem ao menos pagar a faculdade.

Na sala de aula, nós tínhamos a nossa própria agência, ela chamava-se Agência Zoom, nós realmente éramos muito bons. Eu tinha alguns amigos mais próximos que me ajudaram bastante, o Lucas

Azenha, o Lucas Daniel, além da Camila e a Ana. Como eu não tinha dinheiro para comer à noite na faculdade, eu só almoçava, em alguns dias, cheguei a passar mal de tanta fome. Até que resolvi criar uma estratégia para comer.

O Lucas Azenha trabalhava na Caixa Econômica Federal e ganhava bem, comia todos os dias na cantina, às vezes, ele ia em uma churrascaria em frente a faculdade, ela se chamava "Rainha do Cupim", ali era o paraíso para mim, comia por 2 dias.

Enfim criei uma tática, quando eu não tinha dinheiro para comer, fazia um acordo com o Lucas, em um dia ele pagava o rodízio e, no outro, eu pagava. Mas claro que, como eu não tinha dinheiro, sempre inventava uma desculpa para a gente não ir naquele dia. Tenho certeza de que ele sabia da minha estratégia, mas nunca falou nada. Assim foi até o final do segundo ano.

Durante o pouco tempo que permaneci na agência — foram menos de seis meses —, com minha determinação consegui aprender tudo, a usar o *CorelDraw*, a prospectar clientes, aprendi tudo sobre o funcionamento de uma agência e sobre varejo. Sem contar que eu estava lá dentro, já tinha os contatos, então pensei: *"Cara, eu não tenho nada na mão, não tenho carro, recebo apenas R$700,00 de salário na Seller, se eu conseguir fechar um desses clientes que estou prospectando para mim mesmo, vou ganhar R$2000,00; ou seja, três vezes mais do que eu recebo de salário, e sem levar essas porradas todas."*

Fui até o RH e pedi a minha demissão da agência, falei: *"Eu vou voltar para minha cidade, não vou mais morar em Campinas, vou sair da agência."* Voltei de novo ao passado, quando eu montava as empresas, mas agora era diferente, aprendi trabalhando para os outros, observando, me superando e amadurecendo. Embora tenha sido por pouco tempo, aquela experiência foi muito enriquecedora para mim e ainda me deu muita base.

Voltei para Limeira na mesma hora, para a casa da minha mãe, ela havia se separado de meu pai oficialmente e morava sozinha com minha irmã. Ele pagava uma pensão a elas.

Decidi que iria abrir a minha própria agência ali mesmo, na sala de jantar da casa da minha mãe, empurrei a mesa de jantar de vidro contra a parede e coloquei 4 cadeiras, uma ao lado da outra.

"MONTEI A MINHA AGÊNCIA NA SALA DA CASA DA MINHA MÃE"

Na época, a única coisa que eu tinha era uma agenda da Ferrari, abri e escrevi nela: *"A partir de agora, a minha agência está formada."* Lembro-me até hoje da data, dia primeiro de agosto de 2005. Eu estava no segundo ano do curso de Publicidade e Propaganda e com 21 anos de idade. *"Então, agora eu tenho uma agência, como ela vai se chamar?"* Essa era a minha preocupação, como se chamaria a agência.

Eu era conhecido como **Ramon da propaganda**, por causa da locução, os cartazes que eu fazia na Seller, sempre que alguém pensava em propaganda, imediatamente lembrava de mim, então resolvi usar isso a meu favor e pensei: *"Cara, essa é a minha essência."*

Nunca concordei em colocar o próprio nome em uma empresa, até hoje eu não acho isso legal, mas, naquela situação, seria minha melhor opção. Agora, precisava pensar em como sairia nas ruas para vender, porque eu não tinha um portfólio, ou melhor, até tinha um, porém não era meu, mas da Seller, a agência havia feito para a loja.

Decidi comprar uma pasta plastificada e usar os trabalhos da Seller, teoricamente teria sido eu quem havia criado, já que eu trabalhava na agência e conhecia bem o material, tinha propriedade para falar. Juntei vários e fui ao shopping mostrar para alguns lojistas. Chegando lá, tive a ideia de pegar alguns folders que eu achava bonitos, de grandes marcas de lojas e colocar em meu portfólio.

Eu não tinha nada, como iria em uma reunião com uma loja sem ter nada? Não cogitei em pegar alguns materiais e tomar posse da criação deles utilizando e argumentando que havia sido eu que teria criado aquilo tudo para grandes marcas. Na verdade, eu não tinha criado nada daquilo, mas era o que eu tinha para fazer, e deu certo.

"EU SEMPRE CUMPRIA COM AS LOJAS, CRIAVA MUITO BEM E JÁ GERAVA RESULTADOS IMEDIATOS A ELAS"

Meu primeiro cliente foi a loja Marfinite, em seguida, fechei negócio com a Karina Gullo para desenvolver um site, ganhei algum dinheiro com isso, muito mais que meu salário na agência em que trabalhava, mas ainda não era o suficiente. Eu queria fechar negócio com as lojas de carro e moto, no entanto, não dava, porque elas já tinham fechado com as agências grandes, então tentei os supermercados e também não consegui. Lembro-me de que fiquei muito triste, mas não desisti.

Um amigo querido, o Leandro Silva, me falou que sua irmã tinha uma Honda Biz financiada e estava querendo passá-la para alguém pagar o financiamento em nome dela. Como eu não tinha nome para financiar nada, muito menos comprar à vista, eu negociei para assumir as prestações e pagar o financiamento em nome dela.

Foi complicado demais este início, pois eu precisava da Biz para ir a faculdade à noite, no frio, sem blusa de frio e sem dinheiro. Minha namorada me emprestava cinco reais todo dia para eu encher o tanque da moto de gasolina. Trabalhava durante o dia prospectando clientes e, à noite, ia direto para a faculdade em Campinas e voltava para Limeira.

Geralmente eu chegava em casa 1h da madrugada. No inverno, eu ia para faculdade, que ficava a 70km de casa na via Anhanguera, com quase 5 graus de sensação térmica, chegava em casa tremendo de frio.

Certa vez, voltando para casa, fui parado por um policial rodoviário. A Biz estava com os pneus carecas, uma lanterna queimada na traseira, com 3 prestações atrasadas e já estava com um mandato de busca e apreensão, isso foi o suficiente para que ele prendesse a minha moto. Ela era a única forma que eu tinha para ir trabalhar e estudar.

A antiga dona da moto estava há um tempão atrás de mim para me forçar a pagar as parcelas, eram apenas 175 reais cada, mas mesmo assim eu não conseguia pagar.

"MINHA BIZ FOI PRESA, DOCUMENTO ATRASADO, PARCELAS ATRASADAS, PNEU CARECA E LANTERNA QUEIMADA"

Acabou tudo para mim. Fiquei sentado na rodovia pensando no que fazer, ainda estava a 20 km de casa e já era meia-noite. Para piorar a situação, eu tinha brigado com a minha namorada, Karina, pois ela não concordava que eu estivesse novamente abrindo outra empresa. A sua mãe proibiu que ela voltasse a namorar comigo enquanto eu não engrenasse na vida. Minha moto presa e eu a pé, para quem ligar? Pedir ajuda a quem? Só lágrimas de desespero e angústia.

A única salvação era ligar para namorada ir me socorrer, liguei a cobrar e ela atendeu, como eu estava chorando, ela se comoveu. Acordou o pai dela para que ele pudesse ir junto me buscar, mas estava com o documento do carro vencido. E agora? Liguei a cobrar para minha avó Carmem, que tinha carro, acordei ela também, e o Celso, pai da Karina, foi até a casa da minha avó pegar o carro para ir me buscar.

Quando entrei no carro, foi só choro, eu era um fiasco, levava problemas para todo mundo, não dava nenhuma alegria para ninguém, estava desiludido.

No outro dia, minha avó Carmem me ligou e disse que iria me buscar para conversar com minha tia Sônia, ela queria falar comigo. Minha avó tinha contado tudo a ela, que se comoveu e perguntou de quanto eu precisava para resolver minhas pendências. Eu disse que estava com 5 mensalidades da faculdade atrasadas, 3 parcelas da moto atrasadas e mais o pátio com as multas da moto, além de ter que arrumá-la.

Ela, mais uma vez, me estendeu a mão, me ajudou a quitar a moto, os gastos que teria para arrumá-la e ainda disse que pagaria um ano da minha faculdade para me ajudar. Não acreditei naquilo, finalmente uma luz, uma ajuda, pensei: *"Deu tudo certo e agora é ir para batalha com a faca nos dentes."*

O FEIRÃO

Passei a analisar no que eu era bom, quem me conhecia e poderia me ajudar. Eu já havia instalado som e tinha montado um lava-rápido no passado, conhecia os donos das lojas de carros, então fui até eles e falei: "Lembra de mim? O Ramon, que lavava seus carros?" A maioria lembrava e já me perguntava no que podia ajudar. Aproveitei e disse: "Estou trabalhando com propagandas, vamos fazer da sua loja?"

Fui em várias lojas de carros e não fechei com nenhuma, esqueci que dono de loja de carro no estacionamento não faz propaganda, e acabei me entristecendo: *"Nossa cara, errei de novo, ferrou tudo novamente."* Até que encontrei um amigo que me chamou na sala dele, era uma loja de carros, e disse: *"Ramon, você não faz publicidade?"* Respondi que sim e ele continuou: *"Cara, você tem a faca e o queijo na mão."*

Como eu não havia entendido, ele me explicou: *"O Banco Votorantim quer fazer um feirão de carros, hoje quem comanda o mercado de feirão aqui em Limeira é o Banco ABN, e o Banco Votorantim quer entrar para brigar nesse mercado. Os caras que irão participar do feirão, já foram seus clientes no lava-rápido, por que você não fala com eles para te indicarem para fazer o feirão?"* Fiz imediatamente e exatamente como ele falou.

Na época, a operadora que trabalhava no Banco Votorantim com os financiamentos estava na loja de um amigo meu. Fui até lá e ela me pediu ajuda para fazer a propaganda na rádio, folhetos e jornais. Ela não sabia por onde começar. Prontamente me comprometi em ajudá-la. Foi o meu primeiro importante trabalho, cobrei um valor simbólico e fiz o primeiro feirão para ela, foi no Osvaldo Veículos. O evento foi um sucesso.

Depois, ela me procurou e falou: *"Preciso fazer um outro feirão de carros no Max Automóveis na Avenida Campinas."* Fizemos e, mais uma vez, o feirão foi um sucesso. Em seguida, ela disse: *"Olha, agora nós vamos juntar 4 lojas, o negócio está ficando grande, topa fazer de novo?"*

O maior feirão de todos foi no Bogo Automóveis, foram 10 lojas e, na época, o apresentador Geraldo Luís estava um sucesso numa TV local em Limeira, no programa jornalístico da TV Jornal. Em audiência, ele ganhava da Globo, era anunciar lá no Geraldo Luís e o negócio fazia sucesso.

Assim, resolvemos anunciar no seu programa, porém o investimento era alto, na época, era cem mil reais que eu tinha proposto, e eles costumavam gastar uns 15 mil. O feirão era grande e havia um comercial fechado com o Geraldo Luís.

O feirão começaria na quinta-feira e se estenderia até o domingo, eram 4 dias, um final de semana inteiro. Na quarta, um dia antes do evento, começou a chover, o local era duas esquinas de pedra a céu aberto. Imagina, tinham 150 carros estacionados ali, 10 lojas, Geraldo Luís anunciando na TV, investimento altíssimo em mídia, e a chuva não iria deixar ninguém comparecer. Bateu de novo aquele desespero e a sensação de que tudo iria se perder novamente. Aquela era a minha única chance da vida de dar certo, eu já estava quase desistindo de tudo.

"PARECIA QUE ESTAVA TUDO PERDIDO"

A GRANDE IDEIA

Fui até a TV Jornal, estava na recepção aguardando para falar com o Geraldo Luís para tentar achar uma solução, de repente, chega uma mulher que trabalhava ali com um guarda-chuva, ainda estava chovendo bastante lá fora, o barulho da chuva me deixava mais desesperado. Ouvi quando uma outra funcionária falou: *"Nossa, que tempestade, ainda bem que temos guarda-chuva, caso contrário, não teríamos como vir trabalhar.*" Aquelas palavras ficaram martelando na minha cabeça ali na recepção enquanto aguardava ser atendido pelo Geraldo, até que a recepcionista me chamou.

Eu falei: "*Posso pegar esse guarda-chuva emprestado?*" A moça disse que sim, então fui conversar com o Geraldo com o guarda-chuva em mãos, cheguei lá e falei: "*Cara, temos um problema, está chovendo muito e esse é o primeiro grande feirão que eu faço, preciso dar um jeito nisso, eu vim aqui para te pedir uma ideia e enquanto estava ali na recepção te aguardando, chegou uma moça e disse uma frase que me deu uma grande ideia, veja o que acha?*"

Contei a ideia a ele. A única saída para que as pessoas comparecessem ao feirão seria se elas fossem de guarda-chuva nas mãos, assim como a recepcionista acabara de fazer na recepção. O Geraldo amou a ideia e ainda me pediu aquele guarda-chuva para que entrasse com ele ao vivo na abertura do seu programa. ele falou: "*Deixa comigo, dá aqui esse guarda-chuva, o que você acha de eu começar o programa com ele e alguém jogando água em cima?*" Achei ótimo.

"*Ainda podemos lançar uma promoção: Quem chegar com o seu guarda-chuva em mãos e comprar um carro, ganhará o tanque cheio, com zero de entrada, 100% financiado em até 60 meses e ainda ganhará a documentação.*" É isso!!!

O feirão aconteceu e foi um grande sucesso em vendas, tudo isso através dessa ideia. Descia uma fila de gente dos ônibus — eles iam de ônibus para já saírem com o carro —, o banco montava uma mesa para atender aos clientes e já aprovava na hora o financiamento. As pessoas chegavam com o guarda-chuva, tinham seu crédito aprovado e já saiam com o seu carro novo, exatamente como combinamos, do jeito que o Geraldo Luís havia feito a propaganda. Foi um sucesso.

No outro dia, a Fabiana, a moça que me contratou, me ligou avisando que o diretor geral do Banco Votorantim queria ir na minha agência falar comigo, ele queria me conhecer, pois eu havia me saído muito bem naquela situação, e disse que aquele tinha sido o maior feirão dentro do Banco Votorantim a nível Brasil. Nas outras edições, sempre que chovia, o resultado era péssimo, um verdadeiro fiasco e eles já tinham "jogado a toalha".

O diretor queria saber o que eu havia feito para que esse feirão vendesse um milhão de reais em quatro dias chuvosos. Eu lembro até hoje que, quando a Fabiana me disse que ele queria me conhecer, eu fiquei nervoso e falei toda a minha situação para ela, disse: *"Fabi, eu não tenho agência, não tenho nada, eu fico na sala da minha casa, não tenho ao menos um computador."* Para minha surpresa, ela respondeu: *"Ramon, você acha que eu não sei? Mas ele quer te conhecer."*

Nós não tínhamos linha telefônica na minha casa, eu havia comprado um celular *baby* da *Ericsson,* e não tinha crédito. A minha mãe havia figurado um telefone de discar, e tínhamos uma TV e um vídeo cassete de fita VHS, que eu pedia para minha mãe gravar os comerciais do Geraldo Luís, era tudo que eu tinha naquela época.

O diretor do Banco não tinha visto os comerciais, a minha sorte é que minha mãe havia gravado tudo na fita VHS. Na época, era tudo mais complicado, não era igual hoje, que com o celular você consegue filmar a tela da TV e mandar para qualquer pessoa. Se não gravássemos no VHS ao vivo, perdíamos o negócio e o registro.

Eu tinha gravado o comercial e ele queria ver. Foi até a minha agência, ou melhor, a sala da casa da minha mãe e fizemos a reunião ali mesmo. Eram cachorros latindo, não tinha um café para servir, um copo decente para lhe oferecer água, quando ele sentou-se em uma poltrona, ela quebrou, tudo dando errado, mas mesmo assim continuei.

Estava eu e minha mãe, ela sentada na frente e eu colocando a fita VHS para o diretor do Banco Votorantim assistir ao comercial, ainda precisei dar dois socos na TV porque ela falhava, mas, no fim, ele conseguiu assistir.

Ele ficou impressionado, como eu poderia ter feito tudo aquilo sem estrutura nenhuma, então falou: *"Não acredito que você criou isso cara, sozinho, foi o maior recorde de chuva e de vendas que tivemos. A partir de agora, você vai fazer todos os feirões da BV."* Eu fiquei sem acreditar. Lembro que minha comissão era 20%, eu ganhei vinte mil reais naquele evento. Eu não tinha carro, nem ao menos uma agência de verdade para trabalhar, mas com aquela comissão eu estava me sentindo um rei, me sentia o cara mais feliz da cidade.

"FIQUEI RICO COM VINTE MIL REAIS EM DINHEIRO"

Fui na loja do Bogo Automóveis, onde realizei aquele feirão, e comprei um Fiat Uno à vista, paguei nove mil reais nele e com o restante montei minha agência. Aluguei um prédio, o mesmo onde tinha sido meu segundo lava-rápido, comprei os computadores e os móveis, levei minha mãe para trabalhar comigo de recepcionista e passei a procurar por um novo nome para minha agência, "Ramon da propaganda" já era brega, estranho para o nome de uma agência.

TUDO O QUE VOCÊ PLANTA, COLHE

Eu precisava encontrar um nome ou algo que chamasse a atenção das pessoas, então me inspirei na *Apple,* ela tem o símbolo de uma maçã. E como eu tenho uma manchinha vermelha na cabeça, minha mãe falava que tinha sido por causa de um morango que ela comeu durante a gravidez, então pensei: "*Vou usar a imagem de um morango.*"

Claro que fiquei receoso, com medo de que as pessoas passassem a me chamar de morango, então fui pesquisar nos livros da minha avó e encontrei algo que me chamou atenção: o morango é um fruto que precisa ser plantado para poder colher, que é uma regra da vida, o que você planta, colhe. Ele é vermelho e essa cor representa vendas de varejo, que era exatamente o que eu me propunha a fazer, aumentar as vendas das empresas.

Percebi, durante as pesquisas, que o vermelho significa vendas, que além de ser um fruto bonito, o morango até hoje é um objeto de sedução, e comecei a juntar as ideias na minha cabeça, então pensei: "*É isso aí, o morango é venda, o que planta, colhe, você tem que investir, plantar na publicidade para colher vendas, colher frutos, ele é um fruto bonito e é objeto de sedução, você quer que sua empresa seduza seu cliente, quer que ela seja desejada? Contrata o morango do Ramon.*" E eu criei esse conceito. Na recepção da agência, tinha um pote de morangos, adesivei o carro com morango, comecei a criar toda essa fantasia em cima dele por esse motivo, até que o negócio "pegou". Hoje, todo mundo lembra do MORANGO, não tanto do Ramon, mas a minha intenção foi alcançada.

GANHANDO VISIBILIDADE

O Banco Votorantim foi o pontapé inicial para minha agência, através dele consegui sair da sala da casa da minha mãe, alugar um prédio, comprar os computadores e os móveis necessários.

Passei a realizar os feirões de carros através da influência que eu tinha, e isso foi desencadeando muita visibilidade, mediante a minha ousadia e a pegada de varejo. Eu criava muitas ações para os clientes pequenos, que geravam bastante resultado e traziam muita visibilidade. Por exemplo: um dos meus clientes possuía uma loja de material de construção, vendia piso, banheira, dentre outros, como na época o *outdoor* era a principal ferramenta de divulgação do comércio, eu pegava uma banheira de verdade e pendurava nele.

As pessoas quando viam ficavam se perguntando se era de verdade ou não, elas paravam e permaneciam por algum tempo vendo aquela propaganda. Essas ações criativas acabavam gerando muita mídia grátis.

As lojas ganhavam um reforço de mídia posterior e uma visibilidade muito maior com a propaganda criativa. A forma como eu fazia as divulgações trazia muita repercussão, a TV ia até o local filmar e fazer uma matéria.

Uma outra ação que também me ajudou a ganhar destaque no mundo da propaganda foi o lançamento de uma loja de motopeças. Esse foi um bom desafio, peças para moto é uma coisa totalmente segmentada, precisa de propaganda para motoqueiro, motoboy, então resolvi pendurar no outdoor um quadro de moto, algumas peças, um pneu e um guidão.

Enchi o outdoor com várias peças, a ideia era que realmente as pessoas fossem lá roubá-las, e eu ficava a noite inteira percorrendo as ruas para ver se alguém iria tentar roubar, para que eu pudesse tirar uma foto.

Era bem engraçado, eu fotografava as pessoas escalando para pegar o pneu, ou qualquer outra peça da moto, e usava isso para gerar mais uma semana de mídia gratuita.

"TODAS AS MINHAS PROPAGANDAS ERAM DIFERENTES E POR ISSO CHAMAVAM BASTANTE ATENÇÃO"

UMA GRANDE OPORTUNIDADE

Um momento muito importante que marcou a minha carreira como publicitário e como agência foi quando a EINSTEIN Limeira, uma faculdade de anos de tradição, confiou em mim e me entregou a sua primeira campanha de vestibular, seriam 4 meses de campanha. Eu cheguei para prospectar a Einstein de Honda Biz, escondia ela para não verem e mostrar que eu não tinha estrutura. Mas, mesmo assim, consegui conquistar a conta da faculdade, que foi meu cliente da agência.

"EU ERA BEM PEQUENO AINDA, ANDAVA EM UMA BIZ, MAS JÁ CONCORRIA COM GRANDES AGÊNCIAS"

Eu nunca tinha tido uma experiência assim, e mais, a Einstein tinha um desafio, conseguir 700 novos alunos com a minha campanha.

Ela sempre investiu R$70.000,00 em mídias para realizar essa campanha antes com outras agências, porém eu propus que, para atingir a meta imposta, teria que investir R$350.000,00. Esse foi o valor que eu pedi para eles em verba publicitária, mesmo sem ter experiência alguma no que estava fazendo, mais uma vez consegui que confiassem em mim.

Depois de 2 meses de campanha, já era final de ano, faltava uma semana para o Natal, o dono, professor Roberto, me chamou para conversar, na hora eu pensei: *"Algo deu errado, para o dono me chamar no meio da campanha, em plena semana do Natal, só pode ter acontecido alguma coisa ruim."*

Ele estava junto com o seu filho Rafael e o diretor de *marketing* e administrativo, o Fábio, quando cheguei ele falou: *"Ramon, sabe aonde estou indo agora?"* Eu respondi: *"Não faço ideia."* Então continuou: *"Estou indo a Brasília aprovar três novos cursos, preciso ir urgente."* Eu falei: *"Nossa, mas o que aconteceu que não dá para esperar? Precisa ser resolvido agora?"*

Por fim, me respondeu: *"Tenho que ir agora, esse é o momento, e eu te chamei aqui para falar isso porque nós batemos o recorde de inscrições e matrículas de alunos. Hoje, nós estamos com mil novos alunos e a meta era 700. Por esse motivo, vou ter que aumentar a minha estrutura, e fazendo isso eu consigo encaixar mais três novos cursos."*

Fiquei muito feliz em ouvir aquilo, tanto que me faltaram palavras, não sabia o que dizer, era uma experiência nova para mim, eu havia feito tudo com muito carinho e energia.

Nesse dia, quando ele viajou para Brasília, eu até chorei de felicidade, essa era a minha primeira campanha grande, e tinha gerado todo esse resultado. Porém, no dia 23 de dezembro recebemos uma triste notícia, quando ele e o filho retornavam de Brasília, sofreram um acidente de carro, bateram de frente com um caminhão e morreram os dois.

Ele não conseguiu ao menos curtir o que tinha conquistado, aquela sem dúvida era uma das suas maiores conquistas. Ele dedicou a vida inteira para aquele lugar. Não pôde presenciar o sucesso que teve.

Enfim, fechamos a campanha com mais de 1.200 novos alunos, se ele tivesse visto isso, com certeza seria muito gratificante para ele, mas acabou não vendo, e a dona Silvia, sua esposa, acabou assumindo a empresa.

Fiquei mais dois anos com eles, fiz duas campanhas de vestibular e foi um sucesso seguido de outro. Em uma delas trouxemos o Diego e a Daniele Hypólito, foi uma campanha mais forte, que gerou mais resultados na cidade, ou melhor, na região toda.

Depois tiveram outros clientes grandes, como a Chevrolet, a rede de lojas Portobello Shop e a Bio Ritmo Academia, que fiz o lançamento em várias cidades, também fiz alguns condomínios. A essa altura a minha agência já estava se estruturando.

Nesse período, quase me formando, estava no auge e no topo das conquistas em minha vida pessoal e profissional. No último ano do curso, eu ia para faculdade de Hilux zero quilômetro, minha vida mudou. Há 1 ano atrás eu tinha uma Honda Biz que estava com 4 parcelas atrasadas e várias mensalidades da faculdade também atrasadas.

A QUEDA DA MOEDA

Em 2008 aconteceu uma das maiores crises financeiras do século XXI que abalou o mundo todo. Não se comprava ou vendia nada, e eu tinha como clientes a *Sundown* Motos, a Honda, a Chevrolet e o Banco Votorantim, eram clientes meus de alguns departamentos regionais. Com a queda dos financiamentos, as vendas também caíram, os bancos pararam de financiar e eu parei de fazer feirão.

Comecei a perder esses clientes, só que, ao mesmo tempo, estava acontecendo uma bolha imobiliária, vários lançamentos de condomínios verticais, horizontais, a construção civil estava em alta, então pensei: *"Poxa, 80% da minha carteira de clientes está envolvida com ramo financeiro, se continuar assim eu vou quebrar, não duro mais um ano."* Passei então a olhar para onde estava a bolha, ou melhor, o *boom,* que era a construção civil, e comecei a estudar e a entender tudo aquilo.

Decidi entrar nesse mercado, lancei dois condomínios para uma construtora local e como eu trabalhava com a rede Portobello Shop, eu fazia alguns lançamentos de lojas e divulgava o programa de relacionamento com os arquitetos para essa indústria. Fiz o lançamento de uma loja de móveis, também de grande sucesso na cidade, lembro que eu trouxe a *Ellen Rocche* na época, ela foi garota-propaganda. Foi o maior case do mercado até então no segmento de móveis em toda região.

Então passei a fazer para esses clientes de decoração e construção civil, e comecei a deixar de lado o que não estava bem. Fui me especializando e contratando profissionais para isso, trazendo a clientela de empresas e clientes desse segmento. Até que eu fui convidado a lançar dois programas de relacionamentos, assim como fazia para Portobello Shop e para outras lojas, fui convidado para lançar um na minha cidade, Limeira, um em Campinas e outro em Americana, todos no interior de São Paulo.

Comecei o projeto e acabei lançando primeiro o de Limeira, depois o de Campinas e o de Americana eu parei no meio do caminho. Eram programas de relacionamento e de premiação.

Era mais ou menos assim: aquela loja que vende móveis, por exemplo, é amiga do outro que vende tintas, que é amigo daquele que faz cortinas, que é amigo daquele que faz gesso. Eles se unem, criam um grupo e falam assim: *"Olha, vamos criar força, fazer um programa como se fosse de milhagem de cartão de crédito, então a cada X que os arquitetos especificam do nosso produto, a gente reverte em brindes para eles."*

Eles faziam isso para forçar o arquiteto a comprar na cidade deles e também para fomentar negócios com esse grupo e não comprar da concorrência. E assim eu comecei a ser contratado para lançar e administrar esses programas, era eu quem contratava advogado, fazia o estatuto, o regimento interno, regulamento, assembleias, eleger um presidente, um vice, sistema de premiação, o *software*, os prêmios. Eu me especializei nisso e comecei a direcionar a minha agência totalmente para esse mercado de construção civil e decoração.

FOI DANDO CERTO E SE TORNANDO UM SUCESSO

Eu estava administrando cinco grupos, cada um de uma cidade diferente e isso é um pouco delicado, porque esses grupos não eram privados, ou seja, uma empresa com um único dono. Na verdade, é um empresário que convida o outro, que convida o outro, vira uma confraria, um clube, é muito parecido com condomínios, tem um síndico que leva paulada, mas todo mundo manda.

Você imagine, eu como publicitário, querendo fazer um megaevento, uma exclusiva viagem, uma luxuosa premiação, e tendo que apresentar, convencer 15 lojistas a aprovarem um *folder*, uma cor branca de fundo por exemplo, um evento que vai ter que servir um champanhe da marca *Chandon*, e o outro não gosta, acha que tem que ser de outra marca mais barata, o outro lojista acha que não tem que servir champanhe, era mais ou menos assim. Cada um pensava de um jeito, cada um queria uma coisa e o pior de tudo, não queriam investir, queriam sempre o mais em conta, mais barato. É assim até hoje com eles.

Eram grupos de 20, 25 empresários, em que todos são caciques, então você imagina o *stress*. E eu sempre fui acostumado a ousar, fazer as coisas diferentes, surpreender, então eles me seguravam muito, não me deixavam fazer nada do que eu imaginava que seria importante para eles mesmos. Isso me desgastava muito, na maioria das reuniões, eu saía chorando, desiludido e desmotivado.

Passei a estudar e a entender como funcionava de verdade esse mercado de associações, de grupos. Estudei franquias, Shoppings Centers, vários tipos de negócios parecidos. Até que encomendei uma pesquisa de mercado, eu havia criado uma plataforma, uma sistemática de funcionamento inteligente que resolveria todos esses problemas que eles tinham, tanto internos como administrativo, gerencial de sistema quanto de premiações, porque eles tinham problemas sérios de premiações.

Porque eles premiavam dentro da cidade deles por *ranking*, por exemplo: o primeiro colocado ganhava um carro, o segundo, uma geladeira, o terceiro, uma televisão, e às vezes o primeiro havia vendido um milhão de reais e o segundo 999 mil, a diferença de prêmio era muito discrepante, e a de valores era mínima. Era desleal, desmotivador.

"ALÉM DESSE PROBLEMA, AINDA TINHA A QUESTÃO DA MANIPULAÇÃO, O QUE ACONTECIA NA MAIORIA DAS VEZES"

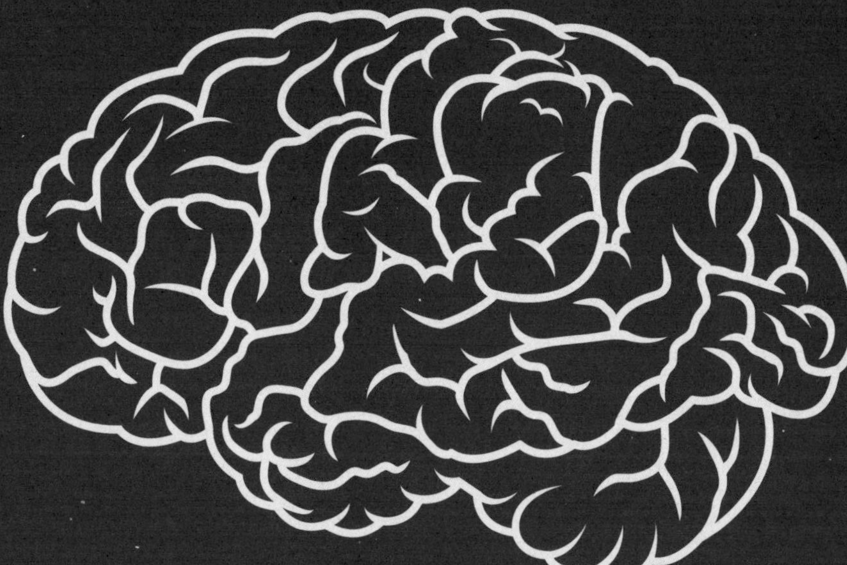

A LEI DA ATRAÇÃO

Como eu já estava muito desgastado com essas associações, decidi parar de atuar com elas e focar em empresas privadas, em grandes indústrias, como a Portobello Shop. Pensei: "Tem grandes indústrias que querem ter seus próprios programas de relacionamentos e, na empresa privada, eu consigo fazer muito mais e melhor."

Nessa época, eu já tinha *know-how*, tinha experiência para isso, então, antes de partir para as empresas privadas, decidi tentar mais uma vez para desencargo de consciência. Propus o que eu achava que seria o ideal. Quando eu fui apresentar a nova proposta de trabalho para os lojistas que participavam das associações, os presidentes e diretores não aceitaram as mudanças que eu sugeri, então eu realmente decidi que iria entregar tudo as associações e não trabalharia mais nesse formato.

Após três meses, as lojas que não faziam parte da diretoria das associações me procuraram em paralelo e falaram: *"Ramon, por que você não monta a sua própria empresa de premiação, em vez de querer resolver os problemas daqueles que não querem que sejam resolvidos?"* No primeiro momento, eu falei que não, porque eu já estava cansado, desgastado com o sistema de associação, eu não queria mais ouvir falar disso, na verdade, o que eu queria era prestar serviço para empresas privadas, onde eu tinha uma flexibilidade maior de realizar o que eu queria.

Porém, depois de mais ou menos 5 meses, eu fui procurado por outro grupo de empresários falando a mesma coisa. Eram num total de 50 empresas que queriam estar comigo nesse formato, e assim comecei a mudar o meu olhar. Mas, ainda assim, eu descartei essa segunda oportunidade e fui trabalhando meus clientes.

Ao mesmo tempo, as associações limitavam as empresas que concorriam com os já integrantes, e quem era participante do grupo de um segmento, tinha poder de veto para entrada de um novo concorrente. Então essas empresas queriam fazer parte de algum programa e não conseguiam. Foi então que elas me descobriram e começaram a me procurar também.

A crise já estava acabando, resolvi então mudar de prédio, trazer a agência para um prédio menor, eu já fui com a tendência de fazer um braço para arquitetura, ou melhor, fortalecer esse braço, pois eu já o tinha. Pensei: "*Vou focar 80% nesse segmento e vou parar um pouco de fazer para o varejo, academias, faculdades, porque o mercado da construção civil está realmente crescendo muito.*" Foi exatamente o que eu fiz e, a partir daí, fui me reposicionando e faturando muito com a publicidade para esse setor.

Fui procurado novamente por empresas e lojas de decorações de várias cidades que queriam participar de um programa de relacionamento, e não conseguiam porque as associações fecharam as portas. Lembro que, na época, contabilizei mais de 80 empresas que estavam à procura de um programa interessante.

Foi quando despertou em mim uma ideia, pensei: "*Vou montar uma empresa de relacionamento onde eu determino o que funciona e o que não funciona, crio as estratégias e eventos que são já pré-determinados, em que não precisarei pedir aval para ninguém, eu resolverei todos os problemas. Além do mais, se eu lançar esse programa de relacionamento e premiação com 80 lojas, serei já de cara, o maior do Brasil.*" Aí, plimmm... Eu não dormi por três noites.

Usei toda a minha experiência na publicidade, no relacionamento e premiação que eu já tinha desenvolvido para meus "concorrentes" e senti a segurança em lançar meu próprio programa.

UMA MUDANÇA NECESSÁRIA

Eu morei em cima da minha agência durante dois anos, dormia em um colchão estendido no chão e pendurava as minhas roupas em cabides suspensos por um arame. Quando mudei a minha agência de lugar, não tinha mais como morar ali, fui para a casa da minha avó, que inclusive estava enfrentando um momento muito delicado devido a um câncer de mama. Como ela morava sozinha e a sua casa era muito grande, resolvi morar com ela.

Minha avó passava muito tempo sozinha, ela havia feito a retirada da mama e estava triste com isso. Aquela situação mexeu comigo, comprei um cachorro para fazer companhia a ela e passamos a conversar mais. Nesse período, procurei estudar mais sobre a Lei da Atração, eu já havia lido o livro *O Segredo,* mas eu tinha esquecido, deixado de lado os aprendizados que tive.

Retomei os estudos sobre isso e, ao colocar em prática o que a Lei da Atração nos ensina, o resultado foi o crescimento da agência e a diminuição dos custos de agente de operação, fui lucrando cada vez mais.

Nesse tempo, a minha avó veio a falecer e eu quis sair da casa dela, ir morar em outro lugar. Procurei um amigo que vendia imóveis e falei: *"Adair, eu não tenho dinheiro para comprar uma casa, e não tenho ninguém para ser meu fiador, você me ajuda?"* Ele me indicou um amigo que tinha uma casa em um condomínio para alugar, fechamos o negócio e fui morar de aluguel nela.

Com três meses de aluguel, ele me pediu a casa de volta, pois precisava vendê-la. Eu estava indo muito bem com a agência, trabalhando a Lei da Atração e de novo eu me vi em um momento desesperador, praticamente não tinha uma casa para morar. Havia trocado de carro, comprado um Corolla, na época, era quase todo financiado.

Eu entendi, através da história da minha vida, o quanto a Lei da Atração fazia sentido para mim, eu já vinha entendendo e visualizando melhor a situação. Procurei o dono da casa e perguntei por quanto ele estava vendendo, ele me falou o valor e me pediu para comprá-la. Embora a agência estivesse indo muito bem, eu não tinha condições para isso, o meu carro era financiado e tinha acabado de mudar minha agência de local, ainda que ela estivesse indo muito bem, eu estava apenas começando a engatinhar.

O dono da casa me procurou e me pediu para lançar uma proposta. Lembro-me de que fui dormir com a ideia na cabeça, não sabia como eu iria assumir mais uma dívida na minha vida, e seria a maior de todas.

"JÁ ERA O TERCEIRO ANO DA EMPRESA E AGORA É QUE EU ESTAVA COLHENDO OS FRUTOS DELA"

A LEI DA ATRAÇÃO NA PRÁTICA

Embora eu estivesse faturando quase um milhão na agência, confesso que não estava seguro em assumir mais responsabilidades. Eu fazia dois feirões por semana que me rendiam em média R$50.000,00 em cada um deles, e ainda tinham as comissões das campanhas e eventos. Estava começando a me firmar no mercado, e comecei a enxergar base para comprar a minha casa.

Decidi assumir essa "bucha". Pedi para que ele dividisse o valor da casa em 10 vezes, ele não fez em 10, mas fez em 8. Confesso que eu estava com medo, porém usei a Lei da Atração a meu favor.

Passei a visualizar o meu esforço, trabalhando cada vez mais com qualidade e rentabilidade, mentalizando que eu era sim capaz de fazer muito mais, os históricos anteriores de resultados dos meus clientes comprovavam isso, então eu conseguiria fazer qualquer coisa que quisesse.

E assim comprei a minha casa, não paguei em 8 vezes, mas em 5, não sei como, se me perguntarem se eu tinha esse dinheiro para ganhar, a resposta é não, então como eu consegui pagar? Não sei, apenas sei que paguei. Percebi que era visualmente possível se eu duplicasse o meu trabalho, assim, teria o dobro do resultado que eu vinha tendo. Também, que não poderia perder tempo com coisas que tirariam meu foco, além de ter que ser 100% rentável as minhas reuniões e prospecções. Não poderia deixar de fechar com nenhum. Tinha que ter 100% de aproveitamento e fechamento. E consegui.

Foi exatamente o que eu fiz, trabalhei o dobro e paguei, e como sempre gostei de carros, impulsionado pela compra da casa, eu estava começando a entender essa história toda de Lei da Atração, de conquista, vi um anúncio de uma BMW Z4 na internet, fui lá na loja sozinho vê-la e comprei.

Eu era apaixonado por esse carro, quando vi o anúncio, resolvi fazer um projeto de financiamento e vi que eu conseguia pagá-lo por mês, então comprei. A BMW Z4 era um carro conversível, um mega carro, quando eu apareci naquele carrão, chamei a atenção de todos.

Tudo aconteceu em um curto período de tempo, mais precisamente em 4 meses. Depois da Z4, surgiu a oportunidade de comprar uma Corvette, comprei à vista, não fiz o financiamento, mas agora eu teria que correr, conquistar mais clientes, trabalhar em dobro, gerar mais resultado para eles, para que a minha comissão aumentasse.

"EU ESTAVA COM UMA CASA COMPRADA, UMA Z4 E UMA CORVETTE NA GARAGEM, TUDO ISSO NO PRAZO DE 5 MESES"

Era tudo muito louco, há 5 meses atrás eu estava morando de favor na casa da minha avó e, um pouquinho antes disso, dormindo em um colchão sem cama, sem guarda-roupas, não tinha nada. Em menos de 1 ano, a minha vida havia mudado completamente.

Nessa época, eu ainda estava estudando, não tinha me formado, a minha cabeça estava tão cheia que acabei esquecendo o dia da minha formatura. As coisas aconteceram, fui amadurecendo, arriscando, lógico, tudo era muito arriscado, eu tinha muitos parcelamentos e financiamentos, mas paguei todos.

Chegou um momento em que eu estava tão empolgado com essa energia, a construção civil estava me trazendo tanta rentabilidade, que decidi fechar a minha agência.

NÚCLEO INTERIOR

Fui procurar cada uma dessas empresas e elas me asseguraram que entrariam comigo nesse projeto. E assim montei o NÚCLEO INTERIOR, era um nome fictício, usando o CNPJ da agência.

Núcleo Interior porque era só no interior de São Paulo, Limeira, Americana, Piracicaba e Campinas, e era um núcleo de lojistas e arquitetos. Fechei com os primeiros clientes em 2009, fiz os contratos, lancei o material impresso e a campanha, mas oficialmente só lancei o Núcleo Interior em Maio de 2010.

Não anunciei para o mercado que eu tinha vendido a agência, simplesmente parei e foquei em outro projeto, mas continuei no mesmo prédio que eu estava antes. Desliguei a minha cabeça da agência e foquei apenas no crescimento da Núcleo Interior, e para isso fiz uma campanha ousada de premiação.

Na época, o carro top do mercado era a BMW X6, tinha acabado de ser lançada e custava quase meio milhão de reais. Coloquei essa BMW como prêmio máximo, a sistemática não era de *ranking*, mas sim de meta, ganhava-se por mérito, não era apenas o primeiro, segundo, terceiro, quarto e quinto lugar que ganhavam, mas todos que atingissem a quantidade X de meta.

Eu estipulava uma meta, por exemplo, eram 10 categorias de prêmios, a BMW X6 equivalia a mil pontos, se 10 arquitetos atingissem a essa quantidade de pontos, os 10 receberiam o prêmio. Era uma inovação para o mercado, nunca se viu isso antes, tanto na sistemática quanto no nível de prêmio.

Porém, não deu muito certo. Como eu não tinha um carro à altura do prêmio que estava oferecendo, os lojistas não me davam tanto crédito assim. Eles não acreditavam que eu pudesse entregar uma BMW.

Na época, eu tinha apenas 26 anos de idade e os meus concorrentes eram todos mais experientes, o que chamamos de "leões-de-chácara", todos tradicionais, com 60, 70 anos de idade, com empresas de 20, 30 anos de mercado.

Então, um publicitário pouco conhecido, que chegava em um carro Uno falando que iria mudar o mercado, não era tão confiável assim, na verdade, era até complicado. E só depois de ler em um livro a história de um empresário que estava na mesma situação que eu, foi que comecei a entender. Ele lançava prédios, precisava de investimentos e não conseguia, ninguém acreditava nele, naquela época, as construtoras quebravam a todo momento. Até que um dia ele entendeu o segredo, pediu emprestado uma Ferrari de um amigo e foi para um evento nela, depois disso, conseguiu os investimentos que queria, tudo porque as pessoas acreditavam nele por estar andando de Ferrari.

Só o valor daquela Ferrari construiria a metade de um prédio. E quando li isso, eu pensei: *"Cara, é isso que está acontecendo comigo, eu coloquei um prêmio muito alto, eu quis sair fora da curva, porém não está condizente com a minha realidade, com o que eu apresento para o mercado."* Na mesma semana, fui na loja de um amigo e financiei uma BMW X6.

Comecei a chegar de X6 para vender o negócio, aí foi uma explosão, o mercado abraçou mesmo e estourou.

Fiquei com uma X6, a Z4 e uma Corvette na garagem da minha casa, mas meu sonho era comprar uma Ferrari, resolvi vender a Z4 e o Corvette e comprei a minha primeira Ferrari, a única que tinha na cidade.

Eu estava muito orgulhoso, havia comprado de um empresário muito forte na cidade, bem mais velho que eu. Naquela época, eu estava com apenas 26 anos de idade, cheguei lá e comprei do cara a Ferrari com meu próprio dinheiro e ainda fiquei com uma X6 na garagem e a casa que eu havia comprado.

A partir dali, foi o grande estouro, com o dinheiro da transação da agência, mais o que eu entendi da Lei da Atração e o meu histórico de quebrar várias vezes, resolvi gerar resultados para mim mesmo, claro que continuaria gerando para os meus clientes, mas eu como empresa, também seria um beneficiário.

"ATÉ ENTÃO, EU SÓ GERAVA RESULTADO PARA OS OUTROS EM TROCA DE UMA MENSALIDADE"

A OUSADIA É UM PONTO IMPORTANTE

Para tudo isso que eu fiz, foi necessário muita ousadia. Realizei tudo sem dinheiro e chegar até esse ponto, contando com o ovo da galinha antes mesmo dela botar, não é para qualquer um.

Só depois que eu fechei a agência é que consegui me estruturar financeiramente, mas tudo o que fiz antes disso foi loucura, foram desafios que iam surgindo, nada era fácil.

"OU EU ME VESTIA DE CORAGEM E OUSADIA, OU EU FICAVA PARA TRÁS"

Alguns amigos pessoais participaram comigo dessa loucura, era tão impossível que eu levava um deles comigo e falava: "*Vamos buscar o carro comigo, eu estou com medo, não sei se vou conseguir pa-*

gar." Em todos esses momentos, da Corvette, da Ferrari, da Porsche, Lamborghini e vários outros, eu levava um amigo de testemunha, todos eles sabiam que eu não podia pagar.

Hoje, quando eu conto essas histórias, existem pessoas que falam que é mentira, que estou inventando. Inclusive, em uma das palestras que eu fiz, tinham dois desses amigos que participaram de tudo isso e confirmaram lá da plateia essa história: *"É verdade, eu estava lá na hora, realmente aconteceu."*

A TRANSIÇÃO DE NÚCLEO INTERIOR PARA NÚCLEO CASA

A partir daí, através do Núcleo Interior, passei a vislumbrar grandes possibilidades de crescimento e comecei a ir para a capital e outros estados.

Ao chegar em São Paulo, queria me tornar referência em grandes centros, no entanto, o nome Núcleo Interior, remete bastante ao interior de cidades, eu tinha que criar um outro nome que indicasse o que eu fazia, que tivesse sentido.

Conheci e contratei a Jô Belluco, ela era diretora de *marketing* de uma grande loja, cliente minha em São Paulo. A Jô iria focar nas capitais e na expansão da empresa.

Então, troquei a palavra "interior" por "casa", era um nome mais objetivo e mais direto. A partir daí, eu expandi para outras capitais: Belo Horizonte, Florianópolis, Goiânia, Cuiabá e São Paulo.

A IMPORTÂNCIA DE TER UMA REFERÊNCIA

Sucesso leva tempo e, para alinhar foco e objetivo com ansiedade e derrotas, eu sempre me baseei em histórias reais. Como mencionei antes, eu tinha meu próprio objetivo, mas eu sempre me espelhava em quem estava à frente, até hoje eu procuro referência real, um case de sucesso que tenha acontecido de verdade e que mostre na prática o que foi feito para se ter sucesso.

Se pararmos para avaliar as histórias de Steve Jobs, do McDonald's e de outros *cases* de sucesso, perceberemos que são bem parecidas, eles começaram na garagem de casa. *Ray Kroc* começou o McDonald's vendendo máquinas de *milkshake*, ninguém começou de cima, é lógico que leva tempo, tem um histórico, é um trabalho árduo desenvolvido.

Mas eu acredito que, pelo menos para mim, o essencial foi o meu trabalho interno, mental, que fez com que eu enxergasse e conseguisse quebrar as barreiras.

"OS DESAFIOS EXISTEM MUITO MAIS DENTRO DE NÓS"

Desde que eu era moleque, sempre ouvi do meu pai que a gasolina estava cara, o dólar estava alto e os políticos eram desonestos, até hoje está tudo do mesmo jeito, nada mudou, então para que ficar voltando nesse assunto? Eu ouço alguns clientes que falam sempre a mesma coisa: *"Ah, o momento do Brasil está muito complicado."* Acabo perguntando: *"Mas quando foi que esteve bom?"*

A verdade é que, para muitos, nunca estará bom. Por isso, bato sempre na mesma tecla: precisamos trabalhar em nós, internamente, para nos policiarmos em relação a isso.

"SEMPRE TEREMOS DESAFIOS"

Precisamos nos disciplinar e, para isso, temos que ter uma disciplina baseada no nosso objetivo, no onde queremos chegar. Algumas pessoas querem ser ricas, mas nem ao menos sabem o porquê, dizem que é apenas para ter dinheiro. Infelizmente, nunca irão conseguir.

Você precisa saber para qual propósito quer ser rico. A disciplina do negócio é baseada nisso, além da persistência na coisa certa.

SE PREPARE PARA O SUCESSO

Eu acredito que o sucesso e a derrota andam juntas, isso porque você pode ganhar hoje e perder amanhã, faz parte do jogo, isso acontece nos campeonatos, jogos e também na vida. Por essa razão, assim como você precisa estar preparado para as perdas, deverá preparar-se para o sucesso também. Caso contrário, aquilo que foi ganho poderá se tornar em perda.

Vemos na geração atual, jovens com apenas 20 anos e já se tornaram milionários, com essa idade eu estava dormindo no chão, lógico que não podemos comparar a trajetória dos outros com a nossa, mas tem vários *cases* antigos, como o meu tio por exemplo, que ficaram ricos muito cedo. Eles estavam preparados para o sucesso.

E também vemos nesta mesma geração, pessoas que estão esperando o momento certo para agir, tomar uma atitude, estão completamente errados. Esses já estão atrasados, já deviam ter identificado o momento, começado a estudar, focado no que querem e se preparado para a conquista.

Eu não esperei me formar para poder montar a minha agência de publicidade, já no segundo ano iniciei o meu projeto, me antecipei, ou seja, me preparei para o sucesso.

Mesmo sem estrutura ou dinheiro, eu não fiquei esperando o momento certo aparecer, pelo contrário, aquele, definitivamente, não era o momento certo de começar. Qualquer pessoa me aconselharia a esperar as condições certas surgirem, o dinheiro aparecer e lógico, estar com o diploma na mão.

"RESOLVI CRIAR O MEU MOMENTO CERTO"

O momento certo é você quem faz. Costumo falar isso para as pessoas, para que elas entendam que sempre estarão atrasadas, independentemente da idade, estão atrasadas, precisam correr mais rápido.

Certo dia, eu estava comentando com um grupo de clientes que quase ganhei na megasena, errei por um único número, o prêmio era 85 milhões de reais. Não sei ao certo se eles ficaram admirados pelo valor do prêmio ou por eu ter falado que, hoje, eu não gostaria de verdade de ganhar 85 milhões.

Como eles ficaram boquiabertos, expliquei por qual motivo eu pensava dessa forma: *"Ganhar tudo isso hoje iria mudar a minha vida radicalmente, ao invés de ficar mais feliz, eu ficaria mais triste e nem ao menos saberia o que fazer com tanto dinheiro."*

Se pararmos para pensar, com pouco dinheiro também podemos viver bem, é só saber administrá-lo. Muitas pessoas, ao receberem um valor assim, já começam a se sentirem rei, e não venha com essa história de que com você seria diferente, que você é uma pessoa humilde.

"VOCÊ NÃO É HUMILDE, NINGUÉM É"

Independente da dimensão, muito ou pouco, depende da realidade de cada um, o respeito a conquista do dinheiro é que faz com que mantenhamos a linha e não a percamos. A base de tudo é a honestidade, nada é consistente se ela lhe faltar.

O sucesso vem completo, e ao contrário do que dizem: dinheiro não significa sucesso, por isso eu acredito na honestidade, humildade e trabalho, e o maior de todos: o segredo da Lei da Atração.

A SORTE

Muitas pessoas me olham hoje e dizem que eu sou sortudo, que simplesmente todo o meu sucesso se deu por sorte, não é 100% verdade. É lógico que eu trabalhei muito, sem isso eu não conseguiria chegar aonde cheguei, mas não foi só o trabalho ou a sorte, existem vários outros fatores que juntos fizeram com que eu atingisse esse resultado.

Quando se fala em sorte, muitos pensam em algo que vem fácil e sem trabalho, mas não é isso, a sorte é atraída, se você estiver preparado para recebê-la, se dará bem, caso não esteja, jamais irá enxergá-la ou aproveitá-la.

O Silvio Santos, por exemplo, fala a todo momento que é um cara de sorte, em todas as suas entrevistas fala que teve muita sorte na vida, mas foi só isso? Claro que não. Ele trabalha muito, o cara é sério, está sempre agregando na vida das pessoas, é inteligente e tem várias outras características positivas, mas, acima de tudo, ele se considera uma pessoa sortuda.

"HOJE EU TAMBÉM ME CONSIDERO SORTUDO, E SOU MESMO"

Durante toda a minha infância e adolescência, minha família e amigos me consideravam um cara muito azarado e, por essa razão, só atraía coisas ruins, nada dava certo, até que eu conheci a Lei da Atração e pude trocar o meu azar. Hoje, eu me considero um cara sortudo, não nasci com a estrela da sorte, mas eu trabalhei e conquistei isso para mim.

A POSITIVIDADE

É imprescindível agarrar-se à positividade. Ninguém quer estar perto de alguém que sempre está mal, você pode até visitá-lo por consideração, mas, se pudesse, não estaria lá.

Certa vez, comecei a observar as pessoas "de sorte", aquelas bem-sucedidas, e percebi que elas passam por muitos problemas, mas não falam, não demonstram, elas não deixam transparecer para ninguém. Às vezes, até sabemos que estão com problemas, porém elas fazem o possível para que não percebamos.

Existem também aquelas que fazem de tudo para se vitimizar, mostrar que estão com problemas, postam em suas redes sociais o seu dia mal, muitas vezes até hospitalizadas. Isso é muito ruim, mostra a sua fraqueza e ainda afasta as pessoas.

Mostre coisas boas, positivas, as pessoas querem estar com pessoas assim. A energia positiva é como um ímã que produz afeição, ânimo, bravura, superação e força.

Falando do lado profissional, você acha que um cliente vai se aproximar e fechar um negócio com alguém que está com problemas? É óbvio que não. Agora, se ele souber que você está bem, sentir a sua energia positiva, com certeza ele vai querer fechar um negócio com você, quanto melhor você estiver, mais clientes irão se aproximar.

A PROSPERIDADE

Não existe uma virada de chave, mas sim várias fechaduras, e também não existe o segredo dos negócios, mas a dedicação, o foco e a disciplina. E é exatamente isso que as pessoas precisam entender.

Eu escolhi não me casar, não ter filhos e não ter nada que me prenda. Abri mão de muitas coisas para me dedicar ao meu trabalho. Foi proposital, não me arrependo e estou muito bem resolvido quanto a isso. Determinei que, após os meus 40 anos, eu irei mudar meu estilo de vida, mas somente após os 40, e com certeza estarei do jeito que eu quero estar, tanto financeiramente, como fisicamente e psicologicamente.

A honestidade, o trabalho, pensar no próximo, gerar resultado na vida dos outros, isso é o que te fará alcançar a verdadeira prosperidade em sua vida. Ganhar dinheiro, você pode até ganhar, mas se não tiver esses atributos, irá perder tudo o que ganhou em outros lugares e em outras situações.

Quantas pessoas só descobrem na fase final da vida que estavam errados acerca da prosperidade? Que deram tanto valor para o dinheiro, que acabaram se esquecendo do que era realmente importante? Precisamos aprender, tanto na vida pessoal como profissional, qual é o verdadeiro significado da palavra prosperidade.

É natural do ser humano querer sempre mais, quanto mais dinheiro tem, mais ele quer, compra um carro hoje, mas quando sabe que irá lançar um novo modelo em breve, já se programa para trocar o seu "antigo". É importante saber o momento certo e o motivo de tudo isso. Você já percebeu que as pessoas mais ricas que você conhece hoje tem o celular mais antigo possível? Elas não ligam para isso. O modelo do carro delas já é ultrapassado, enquanto seus filhos ou sua esposa possuem o do ano e o último modelo de celular. Isso tem uma lógica.

O QUE REALMENTE IMPORTA

Uma das maiores lições que eu carrego comigo é de sempre me colocar no lugar do outro, isso só tem me trazido coisas boas. Agregar na vida das pessoas, estender a mão, ou simplesmente um abraço, às vezes, até uma palavra que você fala, poderá mudar a realidade da outra pessoa.

Antes eu achava que não, acreditava que os outros é que tinham que sempre fazer algo por mim, era eu quem precisava de ajuda, que todos tinham o que queriam e eu não tinha nada. E pior, que todo mundo tinha obrigação de me ajudar, era assim que eu pensava.

Quando eu comecei a inverter, percebi que existiam pessoas que precisavam de mim. Claro que eu preciso de alguém também, mas tinham outras pessoas precisavam muito de mim. E eu não quero nunca tirar algo de alguém para conquistar alguma coisa.

Fui criado assim, mas eu não era assim, eu não agia dessa forma, eu só fui entender depois de muita "paulada".

"OU VOCÊ APRENDE, OU CONTINUARÁ SE FERRANDO"

Hoje eu sou consciente disso. Por isso, quando vejo algumas pessoas aparecendo em suas redes sociais, se fantasiando, tentando mostrar o que não são, me preocupo bastante, fico olhando e me perguntando: *"Será que tudo isso é verdade mesmo?"*

E por quê? Porque, infelizmente, a maioria deles fazem exatamente o contrário do que falam. Eu, particularmente, conheço alguns que não aplicam nada daquilo que dizem, não são o que costumam mostrar na internet. É preciso conhecer bem as pessoas antes de se espelhar nelas.

Precisamos tomar muito cuidado em quem estamos tendo como referência, eu usava o meu tio para me espelhar, isso porque eu o conhecia de perto, ia atrás dele numa cafeteria, não ficava vendo pelas redes sociais. Hoje ele tem Instagram, mas não posta um décimo do que ele faz.

Mostre a real, o que você é. Não tente mostrar o que não é, cuidado, é feio, além de atrair coisas ruins e negativas, não vale a pena. Mude e divulgue positividade, coisas boas e energia para as pessoas, não tente enganá-las e principalmente se iludir com isso.

"SE VOCÊ USAR ESSES PRINCÍPIOS NA SUA VIDA E NO SEU TRABALHO, NÃO TERÁ COMO DAR ERRADO"

Acredite em Deus, em Jesus Cristo, nosso Salvador. Converse muito com Ele, pois Ele está te ouvindo. Peça forca, proteção e que te ajude movendo e alinhando as oportunidades, pois do resto você dá conta. Peça a Deus coisas que você e mais ninguém poderá fazer, só Ele conseguirá.

Se você tem pernas, inteligência, sabe falar, tem saúde e consegue se locomover, ninguém e nada nesse mundo pode te atrapalhar, a não ser que você permita, aí não tem jeito de te ajudar.

Ore bastante, agradeça, peça luz e entendimento e sempre se coloque no lugar da outra pessoa, se pergunte: *"Se você estivesse na situação dela, o que faria?"*

Lembre-se: seja honesto com você e com os outros. Falou, cumpra. Dê sempre o seu melhor em tudo. Cheque sempre antes e pense em como ajudar e agregar para as pessoas. Se você fizer metade disso, a sua vida já irá melhorar muito. Pode confiar.

O PODER DA DECISÃO

Quando finalmente decidi escrever este livro, após anos de incentivo e cobranças, estávamos em meio a pandemia da COVID-19, mais precisamente em julho de 2021. Eu fiquei um pouco abalado com toda essa história, empresas fechando, pessoas ao meu lado morrendo e toda aquela incerteza. Meus clientes inadimplentes, o mercado totalmente inseguro e as pessoas sem saber para onde ir.

Tirei 20 dias direto de férias, coisa que nunca fiz na vida. Fui para minha casa em Angra dos Reis e quis me *resetar*. Fui sozinho, sem celular, sem assistir TV, nada. Fiquei pensando na vida, nadando todo dia, correndo, malhando e cuidando do barco. O objetivo era entender essa história toda e criar o futuro.

Os empresários em sua grande maioria estavam bem, estavam vendendo como nunca. Alguns mercados ruins, como restaurantes, academias, hotéis e principalmente quem era ligado diretamente com eventos, assim como eu. Queria entender como seria esse pós-pandemia e me preparar, ou seja, criar essas oportunidades.

Então conclui que era uma grande oportunidade de fazer várias coisas que eu queria e não conseguia. Como lançar algumas empresas ligadas ao Núcleo Casa, mas num formato diferente que indiretamente concorreria comigo mesmo. Decidi escrever meu livro, lançar uma mentoria para empresários, uma consultoria empresarial e outra empresa que seria um banco digital. Tudo isso eu decidi fazer de uma vez. Comigo é assim, ou 8 ou 80.

Ou entraria de cabeça, colocando tudo junto em prática, ou não entraria. Sabia que teria que correr para fazer tudo isso acontecer.

Precisava sair na frente dos meus concorrentes, pois eles estavam acomodados e eu sei que eles sempre me copiam em tudo. Se eu lançasse aos poucos, uma empresa e depois a outra, iria despertá-los e eles poderiam me copiar rapidamente e, às vezes, até sair na minha frente, como já havia acontecido várias vezes.

Então decidi criar a Mon Bank, um Banco Digital com todos os serviços de um Banco tradicional: conta corrente, investimentos, máquinas de cartões, saques 24 horas, empréstimos, seguros, entre outros. Iniciaria como base para os meus já clientes, do Núcleo Casa, que conta com uma carteira de 150 empresas e mais de 5 mil arquitetos que utilizariam esses serviços. Lancei a Mon Bank em outubro de 2021.

Decidi também, além de lançar este livro que conta a minha trajetória, história de vida e de superação, lançar um outro livro mais técnico de *marketing* voltado para escritórios de arquitetura. Fiz várias pesquisas e não existe hoje nada em livros que ensine e ajude um recém-formado ou até mesmo um profissional já atuante a expandir, se posicionar e crescer seu escritório. Lançarei logo em seguida, provavelmente em fevereiro de 2022, este outro livro.

Decidi que, quando acabasse a pandemia e as coisas voltassem ao normal, eu estaria já na frente de todos os meus concorrentes e eles, mesmo que tentassem, não conseguiriam se igualar a mim, levariam muito tempo para isso.

Nesse mês, reformulei a empresa Núcleo Casa em seu todo, equipe, tabela de preços, treinamento de toda equipe, retomada e estratégia de eventos. Foi um trimestre de loucura, eu não dormia. Sem contar que no mesmo mês eu comecei um tratamento para emagrecer e cuidar da saúde, tomei vários remédios e treinei muito.

Embora o ano de 2021 tenha sido bastante desafiador, foi também muito prazeroso, lancei meu livro: *Da Sala de Jantar ao Palco do Oscar*, o meu banco digital: Mon Bank, o Cluby, minha consultoria empresarial, a DecorRoom-e-commerce para arquitetos e já estou escrevendo o meu segundo livro. Tudo ao mesmo tempo.

Ainda neste ano, a revista Forbes trará em sua edição uma matéria exclusiva sobre a minha carreira, isso me ajudou demais na alavancagem da minha imagem. Sairá também na revista Casa Vogue com uma matéria sobre como criei o Núcleo Casa.

Enfim, enquanto uns estavam acomodados, outros se lamentando, eu entendi o momento e as oportunidades e fui criá-las. Assim são as coisas na minha vida, sempre atento e nunca parado.

DEPOIMENTOS

Que sorte a minha poder fazer parte da trajetória de Ramon, que, por sinal, é espetacular e muito inspiradora. Falar dele não é nada difícil, pois é um ser humano ímpar, com qualidades fáceis de descrever: além de ter grande talento em transformar, surpreender e empreender, seu principal atributo é fazer acontecer.

Ramon é muito especial e possui um coração maravilhoso; é generoso e muito humilde. Tenho muito orgulho e admiração por ele, porque, mesmo com tantas dificuldades e limitações, superou uma a uma com muito êxito.

Hoje meu coração transborda de alegria ao vê-lo realizando todos os seus sonhos e, claro, inspirando muitas pessoas.

Anderson Luís Figueiredo
Amigo e tio

O que seria de nós se não existissem pessoas que vão além por nossa causa? Toda a dedicação do Ramon, em sua brilhante carreira, hoje se tornou como nosso pão de cada dia! Giraldi, seu modo de vida é o nosso espelho...

Pretinho da Hora
Artista, cantor e compositor

Ramon, fico feliz por ser espelho e contribuir para com seu êxito profissional. Faça sempre das suas dificuldades a maior motivação para vencê-las. Ninguém pode vencer por você a não ser você mesmo. Assim é a vitória para quem quer crescer! Parabéns pela conquista e pelo sucesso.

Observando atitudes no crescimento alheio, muitas vezes encontramos aquilo que gostaríamos de ser um dia. Não por inveja, mas para realizarmos em nós um sonho que não havia sido despertado ainda. Até mesmo de atitudes sofridas e ruins tiramos grandes lições para seguir ou não o nosso futuro, pois a vida é um eterno aprendizado!

Fico contente em servir de exemplo para seu crescimento profissional! Desejo que continue perseverando e sendo exemplo para as pessoas que, olhando para você, tenham forças para lutar sem desistir. Sucesso sempre!

Lusenrique Quintal
Empresário / Agronegócio

Compartilhe suas
impressões de leitura escrevendo para:
contato@yesbook.com.br

yes books

Este livro foi composto em Minion Pro e Gotham.
Editora Yesbooks, Outubro de 2021.